玩转美国职场

—— Access to Success ——

寄托梦想 飞跃成功

美中国际 职图CareerTu 著

电子科技大学出版社

图书在版编目（CIP）数据

玩转美国职场 / 美中国际，职图 Career Tu 主编.
—成都：电子科技大学出版社，2015. 7
ISBN 978-7-5647-3105-2

Ⅰ. ①玩… Ⅱ. ①美… ②职… Ⅲ. ①留学生－职业选择－美国 Ⅳ. ①G649.712.8②D771.282

中国版本图书馆 CIP 数据核字（2015）第 158408 号

玩转美国职场

美中国际　职图 Caree Tu　著

出　　版：电子科技大学出版社（成都市一环路东一段 159 号电子信息产业大厦　邮编：610051）
策划编辑：谢晓辉
责任编辑：谢晓辉　马　瑶
主　　页：www.uestcp.com.cn
电子邮箱：uestcp@uestcp.com.cn
发　　行：新华书店经销
印　　刷：四川煤田地质制图印刷厂
成品尺寸：154 mm×225 mm　　印张 17.25　　字数 220 千字
版　　次：2015 年 7 月第一版
印　　次：2015 年 7 月第一次印刷
书　　号：ISBN 978-7-5647-3105-2
定　　价：45.00 元

◆　本社发行部电话：028-83202463；
　　本社邮购电话：028-83201495。
◆　本书如有缺页、破损、装订错误，请寄回印刷厂调换。

序一

铺垫好未来的每块基石

美中国际教育集团总裁　王　寅

很多年前，我写过一篇文章，将自己对留学的观点分享给大家，我还记得文中关于成功留学和留学成功的观点得到了许多学子和家长的共鸣。拿到美国大学的 offer 标明着成功留学，但却仅仅是留学成功的开始。因为申请成功后的一张 offer 让学子有机会踏入梦想的殿堂开启学业，但就业、职业、事业等是未来更大的考验，它们才是成功留学的关键指标。

从这个理念出发，我们既重视让学子进入理想的美国大学学习，实现成功留学，也关怀他们在美国更长远的职业之路，帮助他们铺垫好每一块基石，以实现留学成功。这一次，和职图网站合作，我一直的心愿转化为一本实实在在的留学生职业指导书，我将之视为荣幸，也视为一名国际教育工作者、一家留学服务公司的责任。

这本书不仅有从事 19 年留学服务的美中国际和在留学生中拥有广大人气的职图网站的支撑，更珍贵的获得了众多留学生的响应——他们把自己在美国求职的成功经验无私地分享出来，只为了帮助到更多的留学生。读着这一个个真实而生动的故事，我内心感慨颇多，一边想起自己当年留学归国的创业史，一边也想象着在异国他乡坚持梦想、追逐梦想的中国留学生的种种经历——他们为了未来从成长的温室中走出来，经历奔波、经历艰辛；跨过汹涌的竞争，跨过思念的长河，独立地打下人生的第一块基石。这块基石下是经历了迷茫后的理性；是不再停留在对职业的想象，而付诸于切实的行动；是有泄气、失望和眼泪也有勇气、振作和笑容的种种情绪……来之不易又无比珍贵。

我相信，他们的经历是最好的说明，关于在美求职的智慧和正能量都藏在文字背后，如果你还是一个留学生，还不必面对就业的选择，或者你即将毕业，都不妨看看他们的故事。在或多或少的启迪下，选择和行动。

这本书的编辑出版，是美中、职图和在美职场奋斗的中国人的心血，对他们最大的感谢，便是期望这本书能够帮到更多的人。让我们期待吧，就从你打开这本书的那一刻开始，你便已经在为未来做准备了。

序二

留学菜鸟到美国亚马逊

职图联合创始人　Ruirui

我曾是17岁只身闯美国的小菜鸟，和很多读者一样经历了离家的想念，留学的快乐和艰辛，找工作的烦闷和美国职场的压力。

大学四年，在文理学院鼓励尝试的环境下，我一直在寻找自己的职业理想，从经济，数学到文学到建筑的课程都尝试过，也通过学校校友网络 network 到了 LVMH 集团 DFS 香港总部的实习，那是我第一次感受到美国“network”这个词在职场上的神奇作用。

从 2012 年底，商学院毕业了，我开始在纽约的一家广告公司工作，当时美国经济还在复苏，情况如现在，身边很多朋友都问我找工作的经验，于是，我的的第一篇练手文章“小菜鸟纽约求职记”诞生了，在微博上被转发 3000 余次，也是当时我有了灵感去做一个叫“美国实习快报”的微博公号，去帮助更多在找工作，找实习的留学生们，这也是后来职图网站的前身。

后来，公号上很多粉丝都私信我一些求职中的问题，于是 13 年初，我把这些问题总结出来，写了一本的电子书“手把手教你在美国找工作”，被下载了 28000

多次，因为大家的支持，我有了更多动力去静下心来写东西，把自己在美国求职的摸索，职场的奋斗和经验系统的总结出来，分享给学弟学妹们。

很期待即将出版的的“玩转美国职场”，3 年后的作品，加入了来自道琼斯，亚马逊，彭博等多家名企的职场人士共同创作，我自己，也经历了升职，跳槽，对美国职场比之前有了更深入的体会和心得。作为曾经的“美国实习快报”，今日的职图的创始人，非名校背景的我，不服输的 90 后一枚，也凭着勇气和踏实一路从纽约广告公司，闯入了美国亚马逊。在本书中，我分享了自己的 3 年经历，包括创立职图，加入了精心挑选的美国职场案例故事，还分享了简历和面试的攻略，也总结了大家会遇到的美国的社交场合，就 coffee chat 和 job fair 等，提出了针对性 network 建议，帮助大家更好的“玩转美国职场”。

一直相信有梦想，愿意勇往直前的孩子们，总会有朝闪耀美国职场，与所有 12 年到今天一直支持我的读者们，职图用户们共勉！

目　录

第一章 留学生在美就业实录

▶▶ 职业测评指导

第一步：自我解读和职业分析

职业咨询师通过性格与职业规划测评，结合自身及所学专业特点，给出职业规划建议。

第二步：培养职业实践能力

积极参与实习，熟悉职场英语与文化，参加世界 500 强名企实习，积累职场实战经验。

第三步：针对性参加职业训练

结合专业技能与实践经历，进行CPT/OPT 实习，强化专业职业素养，提升职场竞争力。

美中国际学子在美国

小菜鸟闯纽约
求职，升职，跳槽，创业

只要不放弃，就可以在美国找到工作。

我从刚刚来美国的第一天起就听学姐学长说在美国的外国人找工作很难，因为 H1B 的限制。但是我没有放弃，最后终于如愿以偿地在纽约工作了，做的是自己喜欢的 marketing。

当然，这不是一个容易的过程。我在毕业前两年就开始有意识地认校友了，所有学校的 networking event 都参加，到最后一年，大概确定了自己想去的城市是纽约，想发展的方向是 marketing research，于是便开始在 LinkedIn 上大量 network 纽约的校友。

对于 marketing 的同学来说，主要是春季招聘，不像 finance 公司，秋天就开始招聘 program 的人了，三月就有 offer 了。除了管理培训生之外，几乎所有 marketing 的机会都是有了空缺马上填补。

所以前期的 networking，我从来不向校友提起工作的事，只是问他们的意见和经历，确定自己的方向，最重要的是和校友建立了 personal relationship，他们了解了我。在毕业的时候，这些校友关系就派上了用场，两年的联系，他们不会觉得我是有求于他们的时候才联系他们。

毕业之前，我在 LinkedIn 上联系了近 100 个在纽约工作的校友和以前在 LinkedIn 上建立了联系的 contact，其中有 1/3 的人同意我给他们打电话，或喝咖啡见面。最终，有 20 个人同意推荐我给他们公司的 HR。但最终估计只有不到 10 个人真的做了，在这 10 个推荐里，我拿到了 4 个面试，分别是 Calvin Klein 的 media planning，一个美国第三大的 market research 公司的 analyst program，一个广告公司的 digital marketing/web analytics，还有 Macy’s 的 marketing coordinator。看到这里，同学们是不是觉得有点失望，为什么他们不回，以前不是说好了毕业了要帮我的吗？我的建议是，不要想太多为什么，快点 move on，按我的经历，如果有 10 个人推荐，有 4 个面试，那就应该把更多时间用在 network 上。

校友的 refer 让我躲过了网申的筛选，但是不是有校友推荐就可以拿到面试，要看校友的分量和 HR 怎么选择人才。其中简历是非常重要的，推荐我的校友很多时候会先写信回来让我改简历，说哪些地方不够，有时要返工三四次，他们才会把我的简历发给 HR。可能正是有他们的细心指导，我的简历才能在 HR 收到的众多 refer 来的简历里胜出，顺利拿到面试。

有时，工作的事儿也要看时机，refer 的弊端是，HR 并不知道我们国际学生的身份，不到最后都不会问，比如 Macy’s 和 CK 都是面试到最后才告诉我不能 sponsor marketing director 级别以下的。尤其是 Macy’s 真心是好公司，entry level 起薪 5.4 ~ 5.9 万，是 marketing 行业里很好的了。

后来所幸那个 marketing research company 决定给我 offer，由于我之前没料到会这么快有 offer，把 OPT start date 写成了 7 月，他们要求 6 月初入职，因为要和其他新人一起培训。于是错过了。

最后一家 agency，我一路杀到最后的面试，面试当天 marketing VP 很满意，说直接跟 HR 商量下 start date，但是 HR 姐姐说，这个职位的 budget 是 3 万年薪，过不了 H1B 要求，所以不准备招外国人了。

不得不提的是，我之前手上已经有了一家 fashion 公司的 management trainee 的 offer，但是因为真心想来纽约和对 marketing 的执着，就推掉了。同学们以后没有找到下家之前，不要放掉上家哦！

在四个面试悲剧之后，我进入了一个月的失业低迷期，大吃大喝，各种睡觉 shopping。其实很不好，回想起来，真的应该用这个时间学好 SQL、SAS、Access 这些东西的。

一直到 7 月底都没有工作，然后和一个校友姐姐喝咖啡的时候，她给了我灵感，说 OPT 失业只能有 3 个月，要不我先找个 unpaid intern 把身份挂起来，就不算失业了。于是我开始找 intern，网投了三个，因为他们都 unpaid，所以电话面试很不正规，第二轮就 on site 了，三个公司分别是：一个高端 target hedge fund 的 trading 软件公司，老板是三个哈佛的；一个是联合利华旗下的一个高端化妆品新品牌，还在开发中，CEO 曾经是 L'Oreal 的高管；最后一个是英国的 marketing agency。当时面试完了以后，他们都当场说要给我 offer，我说得想想，于是哈佛老板不淡定了，说要不你马上可以开始 paid intern，三个月试用期之后可以转正。我瞬间被诱惑了，对 marketing 的耐心早就在一个月的失业中用完了，我要妥协了，finance 公司也行啊，只要是工作。于是就给那个 marketing agency 说不去了，结果第二天人家的 HR 哥哥亲自打电话来说，CEO 不在，但是如果我愿意，他可以帮我争取到两个月 paid intern，之后转正的机会。我后来想想，在 finance 公司做 marketing 不是我兴趣所在，还是去 agency 做自己的老本行吧。然后就答应了。联合利华那个因为说了不能转正，就完全没考虑了。

后来我发现，在这些 growing companies 里，只要你可以体现价值，你就有 bargaining power。

第一个月，我几乎天天加班，做出来的 research 常常被 manager 表扬，而且会提出很多新思路，成为了他们中积极的一员。到月底了，我想赌一把，我跟老板说我想提前转正。老板竟然同意了。我还没回过神来。这次找工作的经历真的是奇遇，从三个 unpaid intern 到 fulltime 的工作。所以同学们不要嫌弃 unpaid intern，因为很多公司如果看到你的价值真的会考虑给你 fulltime 的。最后给大家分享一下找工作的几点心得吧。

（1）简历 Resume

一封好的 resume，决定了雇主是不是会给你 interview，简历上一定要包括你想要从事的领域的关键词，因为大公司不会看所有的简历，都是通过搜关键词选择阅读。如果想做 marketing research，简历里一定要包括 data，analysis，research，survey，consumer insights 这些关键词。学校的活动可以少些，雇主更想看的是你的 professional experience。GPA 如果不是很高（3.9 或 4），就不用放到简历上了。网投的话，如果你选了需要 sponsorship，几乎就通不过，HR 根本看不到你的简历，所以 networking 在这里就很重要了。

（2）说到 networking，就不得不提到 LinkedIn

一定要把自己的 profile 完善到 100%，这样别人才能最快地 search 到你。LinkedIn profile 一定要让别人帮你，proofread 不要有语法错误，另外可以让你曾经的同事、同学、教授给你在 profile 上写上 recommendation，这可以让 recruiter 更全面地了解你。有了一个完善的 profile，就可以开始 network 了。

首先一定要加入学校的 alumni group，然后可以在那个 group 里 search 你想要发展领域的校友。然后加他们到 LinkedIn Connection，加人的时候一定要写一个 personalized 的 message 给他们，这样他们更容易 accept your request。我曾经加了两个不认识的 Citibank 的 MD，还有一个 Nielsen 的 HR，他们看到了我的 message，都答应帮我把简历发给中国的 HR，因为美国这边不招 marketing analyst。因为他们的支持，我也成功拿到 Nielsen HK 的面试，不过薪水跟美国是不能比的。

（3）Networking event

像那种大讲座什么的，如果不是你的 dream company 就不用去了。几十个人缠着一个人聊，speaker 肯定记不住你。像那种 mingle 的 happy hour、cocktail party 是很好的认识人的机会。不要求多，一定要求精。要到名片之后，24 小时内一定要发一封 follow up email，recall 一些聊天的细节。" It was great to meet you at xx event. I enjoyed our conversation a lot... 讲讲具体细节，I would like to stay in touch." 之后，可以联系问点问题，逢年过节问候下，这种 relationship 到毕业的时候，他们会很热心帮你递简历，向他们的公司推荐你面试。

导师点评

“机遇是留给有准备的人的”，“笨鸟先飞”，“未雨而绸缪”，我们都听过类似的谶语，但真正能践行的却是凤毛麟角。本文作者给我们最大的启示便是早做准备，厚积薄发。作者从两年前就对自己的目标有了比较清晰的认识。基于这个目标，两年里不断联系校友，积累资源。对于没有任何社会关系的留学生而言，学校和校友是最好的资源与起点。这些学长学姐非但能够给你介绍工作，还可以给你很多求职和业务上的指导。这也是作者能迅速成长的主要原因之一。

HS：小菜鸟成功找到工作的因素还有，首先有个清晰的目标，然后为之不断地奋斗，做自己认为对的事情，并且坚持下去，一直到成功的样子逐渐呈现在自己的面前。当我们抱怨机会不为我们所见的时候，不妨想想自己的目标到底是什么，到底需要我们具备些什么，我们缺少些什么，我们具有的怎么去利用，不具备的又怎么样去建立、获取。对于留学生而言，则是不断地提高自己，不断地去利用身边的一切资源，建立新的资源，为自己所用。

“曲线救国”成功在美就业

我于 2011 年 3 月毕业于加州州立大学，获得教育学硕士。毕业前夕，因为考虑到 OPT（Optional Practicol Training）的申请周期较长，我在 2011 年 1 月就提出了 OPT 的申请。于是，我毕业的时候就顺利拿到 OPT 的工作卡了，但是这样一来我就必须在 3 个月之内找到工作，时间还是很紧张的。因此，如果学校允许的话，我建议把申请 OPT 的时间尽量后延，在学校规定时间内完成就行了，这样就可以给自己留出更充裕的时间来仔细地找工作。

我找工作的时候在洛杉矶的咨询网上投了很多简历，但因为缺乏求职经验，后来没有去跟进；主动给我回电话的公司都只能给我一些兼职的工作。最后，因为 3 个月找工作的时限快到了，我决定先接下一份兼职的工作，充分利用合法留在美国工作的机会。这份工作是在培训中心做兼职中文老师。虽然是一个暑期兼职，但是也让我成长不少，在这两个月的时间里，我从一个浮躁的学生，慢慢向一个稳重的老师转变。我班里的孩子都是 ABC，即在美国出生的华裔中国人，他们会一点中文，但是说不好，也不愿意说，而他们的家长都是新移民，思想比较传统，觉得孩子还是应该说中文的，抱着这样的心思，在暑假送孩子来听中文课。美国的小孩儿不好管理，最初的几堂课他们因为相互不熟悉还比较安分，但是后来就开始调皮，有几个小男孩非要蹲在桌子上上课。我在忍耐了几节课之后，终于还是爆发了，我要求他们从桌子上下来，他们不动，我又重复了一次，他们还是没动，我没辙了，直接收拾电脑开门出去了。我对主管说，对不起我管不好这些孩子。主管很淡定，他让我坐下来喝口水，他也在我身边坐下，慢条斯理地喝水看电脑。还没到 10 分钟，门就开了，刚才蹲在桌子上的那几个小男孩走进来，慢慢地走到我面前，用中文说，老

师

对不起，我们不蹲在桌子上了。我立刻就没脾气了，我看着我的主管，主管对我挤了挤眼睛。第二天，这几个小男孩一起给我做了一个很大的贺卡，上面写着他们爱我。这份工作我只做了一个暑假，之后因为找到了一份全职的工作，就没时间在这个培训学校做老师了。临走的时候全班十几个小朋友给我开了个欢送会，送了我很多他们包装的糖果，用蹩脚的中文表达他们的谢意，当时我觉得，辛苦了一个暑假都是很值得的。收获的不仅仅是一份师生情谊，更重要的是，让我认识到，即使是在很多人看来相对轻松的幼教工作，从理论到实践也有一定距离，需要 freshman 认真对待，勇于尝试，积极沟通。以我为例，虽然是教育硕士毕业，但是遇到不听话的小孩也是束手无策。反思之后，我认为最好的解决方案是向经验丰富的前辈请教，比如我的主管和其他老师。这就要求我提升观察能力和沟通技巧，掌握学生的心理状况，再应用理论知识予以引导。触类旁通，我认为进入其他行业的应届生也须具备这些品质，才能让自己更好地融入工作、融入社会。

告别培训学校后，我开始在洛杉矶的一家华人留学咨询公司做留学咨询。在这里需要提醒大家的是，能拿到美国当地企业的 offer，就不要去找华人的公司，他们基本上薪资开的都不高，而且很少有公司愿意给你办理 H1B 工作签证；最重要的一点是，因为语言环境的关系，在华人企业工作半年你的英语就基本还给老师了。

同样的，我所在的华人公司待遇不是很好，工资基本付了房租就不剩下什么，但我在这里还是学到了不少东西。公司规模小，我们只有 3 名员工在做留学，所以基本上要求每个人都是全能选手，什么活都要干的，工作强度很大，要负责咨询、签约、申请和后续。我们的顾客很少有好学生，基本都是在美国学着学着就被开除了，待着待着身份就莫名其妙黑掉的学生。我帮他们处理了很多紧急情况，甚至有一次一个孩子开车超速要被处理为刑事案件了，我还帮他找了律师打官司。也许这些事情在别人眼中是无关轻重的，但是一件一件完成这些事情，看着这些孩子把他们的路慢慢走顺，还是给我带来了一定成就感。另外，我们老板是一个很严厉的人，他的儿子是香港大学的硕士，女儿在约翰霍普金斯读传媒，在老一辈的移民中，他算发展得很成功的。和他一起工作能学习到很多优秀的品质，他做什么都很讲究效率，对下属的要求也很高，这就培养出了我高效的执行力。通过这段经历，我想和大家分享的是，即使在美国没有找到理想的工作，没有进入到 500 强的好企业，也不要气馁。工作对于新人的磨练是无时无刻的，只要肯用心做事，再小的公司也能得到全面的锻炼，也能让你完成从学生到职业人士的转变。等到积累了一定工作经验，你就有资本可以换更好的工作。话说回来，我就是因为在这家公司获得了成长和工作经历，表现了自己解决问题的能力，因此得到了老板的赏识，希望我能留下，并答应帮助我办理 H1B。后来因为一些个人原因，我最终还是决定回国。

回顾一下，我的求职之路虽然不比进入四大或者 500 强的精彩，但是我相信，在美国还有许许多多的学子走的是这样一条平凡但也充满收获的道路。总结一下我的经验教训，我建议大家在求职时能做到：一、求职前，正确评估自己，做好求职规划，把握先机，尽早申请；二、入职后，勇于尝试，积极实践，多和同事沟通，通过第一手的实践和同事们的经验迅速充实自己。我相信，机会总是留给有准备的人，就算在毕业之际没有拿到理想的 offer，也要好好利用曲线救国的机会。当你成长起来后，自然会有好机会垂青。

导师点评

很喜欢这句话——当你成长起来后，自然会有好机会垂青。毕业找工作对每个人来说都是一场弥足珍贵的磨练，进入社会的第一课往往是在这个过程中学到的。学会树立和改进目标，学会坚持和选择，学会"曲线救国"。尽管是曲线，花费了更多的时间、精力，甚至金钱，但理想的终点始终在前方等候。

HS：要相信没有不可战胜的困难。目标让人有坚持的勇气，坚持让人靠近机遇。有的人败在了盲目的目标，更多的人败在了坚持的途中。这个过程并不容易，要遭受的挫败和打击、否定和怀疑，如果不是亲身体会，就很难想象。但总是有人坚持过来，这或许也在告诉我们，这条路上的困难都不是不可战胜的。我们为走到最后的人喝彩，也为掉头的人鼓劲，希望下一段，能够更有勇气前行，或者曲线救国也未尝不可。

升职记

去年写了《小菜鸟求职记》，很高兴得到大家的支持。今年年初升职的时候欠大家的升职记，终于在被无数次追稿以后动笔了。

对于没有看过求职记的童鞋们，我先简单介绍一下自己和公司吧，我是苦逼非牛校建筑小本转专业读研又是非牛校的 marketing，最终历经千辛万苦终于在纽约求职成功。现在经济比那时候好很多了，所以小伙伴们不要泄气哦。公司是一家英国的创意 promotion 广告公司，10 年才进入美国市场，当时只有三个人喔，迅速发展到现在的纽约、芝加哥、洛杉矶和波士顿四个办公室。

在这次的文章里小菜鸟将会给大家细细讲述，我怎么从 unpaid intern 到 paid intern，然后到转正，加薪，到现在的 lead project 的路程。秘笈是资源整合，增加不可替代性，创造机会并抓住机会，听着有点笼统，下面会一一说明。

刚进公司的时候是以 marketing 实习生的身份，网投的，说的是 paid 然后一个月后可以转正，当时我还是有点小忐忑怕只是哄实习生们开心的说辞。进去以后，发现美国这边的团队太年轻了，竟然没有现在炙手可热的 market research 的职位，加之客户们很注重消费者的行为研究，常常问 agency 们，为什么你们要这样设计 promotion，消费者的 demo 你们了解吗？每每遇到这样的问题，BD 经理们甚至 CEO 都向伦敦总部求救，然后等待答复，拖延了不少时间。小菜鸟觉得这是我的机会，首先我完全不喜欢这个可有可无的发 twitter、FB，做 newsletter 的实习职位，另外还有一个美国 intern 跟我做同样的事儿，我怎么可能有优势呢？

Master 读 market research 是我的强项，但是我要怎么才能说服这些从来没有过这个部门的同事们我可以做，而且可以比伦敦做得快和好，听着是天方夜谭。心想事成啊，第二天机会来了，联合利华的一个 personal care 品牌听我们 pitch 的时候觉得特别好，当时就追问 consumer insights，伦敦做 insights 的老大休假，电话接不通，我们 CEO 急得团团转，这可是大客户啊。我突然想起来当时在学校的时候用过一个收费的数据库叫 Experian Simmons，里面有很多大品牌的消费者数据，于是我用了自己的 log in 发现还能上，大喜！于是熬夜做了联合利华那个品牌的 consumer demo，preferences，shopping habits 等所有的数据并自己设计成和公司 ppt 风格统一的 9 张 slide，也就是说如果明天 CEO 发话我的资料能用，他们就可以马上 drop 到 deck 里去 pitch，绝对的到位。第二天经理看了，果然眼睛都亮了，伦敦从来没有给过他们这么全面的美国消费者数据，他马上把我的资料发给了负责联合利华 pitch 的 CEO（这里要补充一下，我们 agency 的模式是，每个国家的 CEO 和 MD 不仅要做 internal 的管理，很多大客户的 account 也掌握在他们手中，这样就算 BD 和别的 AE 走了，也不会有交接问题。CEO 看了我的资料，淡淡地说，明天你一起来吧。于是在我实习的第三天，我成为跟班来到了联合利华新泽西总部，见到了传说中的 Sr. BM，BM，ABM，参与了人生中的第一次 pitch。话说当时好紧张，生怕哪个人问我问题我答不上，一直在陪笑，脸笑到僵硬。蛮顺利的，他们还挺满意我们的结果，因为他们有几个品牌内部也用的是 simmons。

回来的路上，我和 CEO 第一次交流了一下，我趁机提了一下 consumer insights 是设计 promotion 里很重要的一个环节，又拿之前看的 Nielsen reports 里面的数据班门弄斧了一下。CEO 说 market research 是 cost，不像 BD 是 revenue，不知道伦敦能不能批呢。接着我说，学校的数据库我因为才毕业不久，还可以再用到年底才会被取消账号，这段时间内，如果你觉得有可能我愿意 unpaid 来组建公司 consumer insights 这块，并且我们可以用结果来跟伦敦证明。这个算是我的一个小策略吧，免费 access 的数据库，免费的 labor trial 去开发一个对公司有价值的领域，傻子才会拒绝吧。于是我开始了 market research，严格地说是 consumer insights 的实习，老大还大发慈悲地给了一点 pay（秘笈 1：要善于找机会展现自己的长处，take initiative，整合资源，学校的数据库帮了不少忙啊）。

要在一个从来没有过 consumer insights 的 creative agency 去推行用数据说话的宗旨，其实很难。期间不得不感谢我的 CEO，marketing，经理还有 BD director 的支持。我从来都是第一时间去问那些 BD 经理们，他们最近拿到了什么客户的 brief，concept deadline 是什么时候，然后我在第一时间弄好 consumer 数据设计成 ppt 给他们，有几个顽固老 BD 怕自己不会解释，然后老是不用。BD director 以前是投行的 sales，所以对数据挺支持，除了 CEO 以外他第一个用，我的 insight 帮他很顺利地 close 了一个 deal。于是他开始极其推崇 consumer insights，其他 BD 也不傻，虽然不愿意做第一个吃螃蟹的人，但是也不会跟钱过不去。于是顺利地，consumer insights research 成了 brainstorm meeting 前，人手一个的资料。终于，market research 慢慢地融入了当下的 agency system，我的存在也不显得那么奇怪了。BD director close 那个 deal 的时候，我实习也快一个月了，我觉得赌一把，谈转正的事儿（其实现在想想当时有点操之过急）。但是我当时的逻辑是，学校的数据库值两万美元呢，他们有我到年底都不用买自己的数据库，多省啊。

在公司一个月，我也逐渐摸清楚了形势，如果我想转正，我要报告经理，然后经理去报告 CEO，然后还要告知 Boston 的 finance 大妈，最后报批伦敦的 CFO。前几天终于见到这位年轻的 CFO 美女了，她是牛津大学加 insead 商学院毕业，曾经在 Morgan Stanley 干投行，很干练，但是她觉得不值得的人和事，都是极其 cost control 的。

如果这样的话，我转正的事儿就遥遥无期了。我是一个典型的 risk taker，当时我的逻辑又是，如果我按规矩办事儿，转正要拖延。如果不按规矩办事儿，大不了被拒绝现在转正，结果还是被拖延，一样的结果嘛，I have nothing to lose。

于是，我约了 CEO，当然这之前，我每天几乎都加班，并且一直在用新的成果来 impress 他我在公司推行 market research 的速度，他也看到了成绩的。我委婉地告诉老大，我真的很喜欢现在的工作，很喜欢自己去 build 世界乐园的感觉，希望他可以给我一个机会，去让 consumer insights generate 更多的 deal 和 win 更多的 pitch。再者，对消费者的了解也会让我们的 creative 更有说服力，就像是更有根基的支持。但是因为在纽约的消费太高了，我不能一直 unpaid 下去了。我希望能 full time 和公司一起成长。CEO 说要跟 Boston 大妈商量下，明天给我答复。第二天一早，我就收到大妈的邮件了，里面有我的正式 offer。（秘笈 2：可以做 unpaid intern，就像很多产品有 free trial 一样，但是好的产品可以让你一直用，就不介意那一点钱了。所以在 intern 期间要增加自己的价值，并且在知道自己有价值的时候，大胆努力去追求自己想要的下一步。而且很多公司有 full time 职位的 budget 但却要坚持招 intern to hire）我是那一年 5 个 fresh graduate 实习生中第一个转正的，最晚的一个是实习了 8 个月才 full-time 的，因为她一直不知道自己的优势和兴趣，期间换了3个部门。

导师点评

销售是每一个同学最需要获得和锻炼的技能。这里的销售不仅是对于产品的推广，更是对于自己本身背景、知识、技能的推销。职场就是一个市场，人才是产品，雇主是买家。你想把自己推销出去，就要找准买家的需求。他们最需要的是什么？他们最关心的是什么？自己如何能够满足这些需求？当你把这些问题搞清楚，入职、转正、加薪、升职只是时间问题。本文作者从一开始就积极地发现"买家"的需求。找准机会便用各种方法去证明自己可以解决问题，给公司带来好处。这个过程中自己的价值被不断重新审视。最后的转正水到渠成。

HS：创造自己独特的价值。职场上的人分为两种，脑力劳动者和体力劳动者。后者指的是机械地重复指令完成任务，前者则会分析自己所在位置的机会，巧妙地为自己增值，并且把自己的时间用在公司急需解决的问题或者潜在的问题上。对于职场新鲜人这一点也不难，因为新鲜人的优势在于初来乍到很多定式思维尚未形成，只要善于观察，结合自己专业背景，可以在很多方面给公司提出一些建议或者优化方案，尤其在一些中小型公司。自己的见解或者方案并不一定要多么高深，也许就是一个小小的VBA 程序或者开发另一种社会媒体。最重要的是保持不断发掘不断创新的思维。

创业记

2012 年 9 月，我刚刚经历了找实习、转正，到稳定下来，就非常想把自己的经历分享给还在路上的小伙伴，于是有了"美国实习快报"这个微博账号和《小菜鸟纽约求职记》。

2012 年 12 月，小菜鸟的创业是孤单的。但每天下班后在微博上、QQ 群里和粉丝的互动总是让一天过得很充实。还记得 2012～2013 年跨年那天晚上，对着纽约的烟火，我期盼明年一定要有个网站，要高大上一点。

2013 年 1 月，活跃的纽约客们可能常在一些社交活动上见到小菜鸟的身影，和另一位好友一起很努力地跟学生们介绍美国实习快报，给每一个对我们感兴趣的人派发名片。

2013 年 3 月，几位优秀的职图人加入了团队，于是正式开始开创 CareerTu 职图时代。每一位成员白天都有全职工作，兼顾两边很辛苦。虽然有的成员不得不离开，但大家创业的信念从未停息过。

2013 年 5 月，终于 3 位重量级的合伙人来到了身边，其中有两位都是通过"美国实习快报"的账号认识的。这是一个神奇的平台，小菜鸟通过它认识了创业伙伴，小伙伴们通过它找到了实习，还有当时在微博上我帮忙改过简历的几位粉丝，现在都纷纷在世界 500 强公司工作，都始终是我们强有力的支持者。有你们，我很幸运。

2013 年 7 月，careertu.com 网站上线了，我们总算有了自己的小基地。职图主办的第一届创业挑战赛也圆满落幕，3 场颇受好评的求职活动让我们在纽约很多学校里有了知名度。

2013 年 8 月，职图团队已有 30 多位小伙伴。小伙伴来自哥大、NYU、Google、Citi，他们的优秀让梦想成了现实。看着职图一点一点成长，真的很谢谢你们的支持。很多小伙伴来到职图这个平台，抱着过渡找工作，或打发读研前或无聊或沮丧的三个月的目的，却在一起奋斗、欢笑中被凝聚起来。依依不舍送别一批批找到工作或读研的小伙伴去加州、上海、芝加哥、波士顿，突然，我们的足迹，因为你们，而遍布世界的每一个角落。每一次离别，虽然伤感，也带着祝福。也有不少小伙伴选择成为我们的 mentor，继续给予我们强有力的支持。你们，是我们的幸运。2014 年，我们希望能够助飞更多小伙伴，也迎来更多满怀梦想的同伴。

2013 年 9 月，我们专门筹集了时尚艺术奖学金，以支持那些为艺术理想而从事无薪实习的学生。一位在爱马仕实习的优秀小伙伴获得了$1000 的奖学金。当晚活动结束后，团队的小伙伴们挤在一家小小的奶茶店里做活动总结，外面下着雨，又是一个没有休息的周六。还有很多个这样的周末，我们在星巴克、奶茶店、小伙伴家的客厅甚至我家阳台一起度过。

2013 年 11 月，我们第一次在硅谷的一个创业展会上拥有了一个展台，我们的理想终究横穿了美国，到达加州。当天也被很多投资人一针见血地逼问，有点沮丧，又有点激动，知道我们又要开始一段不可思议又新奇有趣的旅程。

2013 年 12 月，我接到了曾经的 dream company 面试的邀约，当时在纠结要不要换工作，突然想起那天在纽约 highline park 上眺望远处，合伙人 Annie 说：“我现在就等着把职图做大，然后我就辞职！人的一生总归要创造点属于自己的东西吧。”另一位团队成员 Vivi 说过：“这是我们的宝宝，我们要养大它哦！”对，她们都是强悍又漂亮的妹子，但是做事认真的态度，我不得不佩服。还有一位总是在幕后默默耕耘的我们的"男神"，总是头脑风暴时的话题终结者。我想到那天我们在纽约韩国城小餐厅里给公司起名到深夜，默默删除掉了那封面试邀请信。2014，我的 dream company 只有职图。

常常有人问我职图是什么，CareerTu？美国实习快报？或许有一天我们不只做 Career 了，但是职图却是一种精神——相信不懈的努力，普通人也能创造奇迹的精神。创业像在雾里航行，看不到彼岸，但是信念让我们不断调整，改变帆的方向，相信终将到达我们向往的目的地。

在这个神奇的城市，我经历的应聘、职场历练甚至到创业，现在想来，梦想也许是一个很笼统的词，我只想走好脚下的每一步，永不放弃。我的故事在纽约的每一个角落上演，你的呢？

导师点评

人生道路上最大的挑战也许不是没有机会，而是机会太多。喧嚣中，最重要的便是那一份执着与坚定。作者的创业经历提醒我们，抵得住诱惑，耐得住寂寞才能拥有真正属于自己的事业。

HS：其实，大多数人所经历的都太平淡了。我们可以选择一种平淡的生活，也可以选择为一件事、一个事业去付出，去奋斗，去有所期待。很多时候创业并不是天方夜谭，创业刚开始也并非是宏伟的史诗一般，而只是源于自己一个小小的执念，一个小小的想法。外貌平凡的种子永远都有成长为参天大树的可能，所以如果你手里正握着一颗种子，不要犹豫，给予它呵护和成长，它会有所回馈的。

我大二就开始投递简历

我目前还有三个月不到的时间就本科毕业了。去年 6 月开始在 Deloitte 做 consultant intern，去年 10 月收到的 return offer。今年 6 月中将会在他们的 Dallas office 开始 full-time 工作。因为 H1B 需要有毕业证书才能申请，所以要等到 2016 年才能申请。

挺喜欢目前的工作的，选择接受 return offer 最重要的原因是和整个 team 的同事们都非常融洽。个人感觉这点很重要，毕竟 full-time 的话每天大部分时间就是和同事们打交道，若是合不来，工作起来效率低下不说，还很容易产生矛盾。另外一个原因是自己一直对 consulting 很有兴趣，因为这是能帮助客户解决实际问题的服务。而且由于 Deloitte 的客户群非常广，能接触到的项目很多，所以并不会很快就让人感到工作单调或者无聊。最后的原因就是我很喜欢 Dallas 这个城市，虽然没有 NYC 或者 San Francisco 繁华，但是生活开销低很多而且年轻人占城市人口的比重也大，所以我很高兴毕业后能留在这里。

从大二开始到去年收到 return offer 前，大概一共投了 220 ~ 250 份简历。大三和大四的时候收到面试比较多，电话和 on-campus 为主，总共收到 50 个左右面试，实际参加了的有 35 ~ 40 个。由于我的学校在 Dallas 算是求职相对有优势的学校，所以主要还是利用了学校的就业平台。学校有自己的 career website，大的公司来面试前基本上都会在这个网站上 post 职位然后做第一轮的筛选。另外就是有使用过 LinkedIn，但主要都是和自己学校的朋友、学长学姐，还有实习单位的同事们联系。

求职过程中，个人感觉有两点比较困难的地方。

首先是部分职位对于国际学生的限制。由于本人读的是 finance 专业，就我自身投简历经历而言，有 30% ~ 50%的大投行/咨询公司的职位都是明确标注了只有不需要 H1B Sponsorship 的学生（美国公民）才可以申请。就算没有标注，不少公司在面试期间也会问到国籍和是否需要 H1B 签证这类问题。

其次是对自己心态的调整。大二刚开始投简历到和自己专业对口的实习职位时，十有八九都是被拒。曾经郁闷过一段时间，感觉自己成绩还不错，也有相当丰富的课外活动经历。但在习惯以后就慢慢有了屡败屡战的心态了，感觉这点比较重要，毕竟不停地填各种 job applications 也是需要有耐心和动力的。调整心态还有另外一面：进了 final round 不仅要避免过分骄傲和激动，而且还要做好在 final round 才被刷下来的准备，不然的话很容易出现被心仪公司在最后一轮淘汰后情绪大受影响的情况。

我去年在 Deloitte 实习时使用的就是 CPT。由于 internship offer 拿得比较晚，而且学校和公司律师对于 CPT 的 agreement 进行了一段时间的讨论才达成共识，我的实习推迟了一个星期才开始。虽然影响不大，但是也算是吸取教训了：收到 offer 以后得马上去办 CPT ,而且要不怕麻烦地经常 check-in with 雇主和学校。OPT 是目前我打算申请的。OPT 步骤和需要的文件比 CPT 多很多，所以需要更加早地开始办理。

我没有参加过海外的交换项目，暑假本来是最好的机会（学校 5 月份就开始放假），但是我大一回国实习了，然后大三又在这边实习，而且 finance 的 recruiting season 都是 fall semester，暑假一开始就开始，所以就没有参加过。不过我有不少朋友有试过，基本上都说是非常好的经历。

至于校内外的招聘会还有行业联谊活动，我参加过一些。由于 finance 专业招聘基本会和普通招聘会分开，所以其实基本上都是直接投简历—筛选—面试—面试—面试的步骤。行业联谊活动参加了不少，很多大的投行/咨询公司都会来学校开 info session，其他的大公司（ExxonMobil，Pepsi，P&G）之类的，还会在筛选完第一轮简历后邀请候选人到餐厅吃饭然后 network。这些都是表现自己很好的机会，虽说很容易会因为紧张就不怎么敢说话，但是底线是必须在适当时候让雇主方的人起码对你的名字样子留下一点印象，这样面试时就不用再来重新介绍一次了。

求职过程中，有好几次的面试机会都是因为有幸得到几位教授/学长的引荐才得到的。感觉如果面试双方都跟引荐人关系比较好，面试成功的几率会大大增加。另外就是，有时候即使不是直接 referral，面试时校友的关系也是十分值得重视的。我即将开始工作的 office 的其中一个 senior manager 就是我学校的 alumni，从 internship 面试到实习期间再到现在，他都给了我很多指点和帮助。我去年秋天另外几个大投行的面试，有 alumni connection 的基本上都进了第二轮或者是 final round。所以说引荐/校友推荐的价值是很高的。

总的来说，找工作的过程其实也是克服自己各种缺点和障碍的过程。

简单的说，最重要的一点就是要对自己狠一点，逼自己一个一个坎走过去，就好了。拿我自己举例，我并不是十分外向的人，最开始找工作的时候，各种忐忑紧张，第一轮面试就被淘汰是家常便饭。于是只能不断地强迫自己不仅是人要出现在 networking 的活动，而且还要主动 participate。从大二到现在，已经慢慢变得和任何人见面都能聊点什么了。

另外很重要一点是 GPA 有一定水准就可以了，不需要刻意追求 4.0。和同学以及教授之间的交流还有课外活动很多时候比一个 4.0 的 GPA 在面试时有价值多了。尤其是男生，多了解点体育方面的知识绝对是有益无害的。不仅平时跟朋友同学聊起天来不至于一问三不知，在面试期间说不定还能和面试官聊上几句。能到面试阶段，尤其是最后一两轮，其实雇主更多的是想要确认你和这个 office 这个 team 的人能不能相处融洽（e.g.，" If I get stuck with this person in an airport，would it be a good time or a disaster?" ），而并不是你会不会弄某个复杂的 Excel model。

最后一点是，不管是大/小公司，面试前都请认真看看公司的网站，做好 research，不然，别人偶然问起时哑口无言，很容易让面试官觉得你不仅准备不充分，而且对他们公司也很不尊重。

至于职业规划的话，由于每个人读的专业都不一样，我也不敢做任何很具体的建议。个人感觉最重要的就是，在真正开始 full-time 工作之前，最好能通过实习确认这是不是自己想做的行业，是不是自己想去的公司环境。这样的话，如果发现有落差，还来得及做调整。

导师点评

一般而言，成功者很少抱怨，失败者总是怨言过多，如果是因为懒惰、拖延导致的失败，是更加没资格抱怨的。在艰难的就业环境中，与其抱怨竞争加剧，机会难寻，不如把对劣势的担忧转化为行动的动力，早一点出发，早一点体验，为未来争取多一点的时间。

HS：临毕业才开始找工作，不仅要进入市场竞争，还要跟时间赛跑。并不是说一定不会赢，但提前准备的人知道时间充裕带来的好处——更理性地规划、更多的面试机会、更多空间反思和改进自身条件、更游刃有余地应对可能出现的情况……如果你已经开始紧张了，那么不妨把自己当成毕业生来对待，提前一步投入就业的准备中吧。

天道酬勤
——Jenny targeted Target 的求职之路

机会永远留给有准备的人。有些人当成说教，就过过耳朵，而有的人则成了真正收获机会的人。

在西安读了两年本科的 Jenny，转学到美国继续本科学业，专攻市场营销专业，并于去年 12 月在威斯康辛大学麦迪逊分校（University of Wisconsin—Madison）毕业，拿到学士学位的同时得到了 Target 公司的一个正式工作邀请。学位、工作双丰收，与其说靠的是运气不如说这是 Jenny 长期以来坚持和勤奋努力的结果。

职场达人的求职妙招 1——参照别人的经验，走好自己的路

上学期间，Jenny 就早早开始为找工作做准备。除了一直不断地在做着实习，Jenny 也是个有心人，十分注重经验的总结，包括积累找工作的技巧、简历完善方法等等。作为实习快报的骨灰级粉丝，Jenny 特别提到实习快报网站上一些实用的博客文章以及大牛亲身经历的博文。这些文章在找工作的初期像一个线头，让 Jenny 在杂乱无章的思绪里慢慢理出了一个较为清晰的思路，也对找工作的准备助益良多。此外，Jenny 还获得了美国实习快报免费修改简历的机会，虽说精益求精的她对简历已经修改过很多次了，但是经过实习快报修改过的简历更是画龙点睛，帮助 Jenny 在自己的经历中充分展示出个人特点也极大提高了简历与职位的契合度。

职场达人求职妙招 2——利用校招机会，充分推荐自己

经过了充分准备之后，接下来就是实打实的求职阶段了。除了会去求职网站上投简历外，Jenny 自然不会错过每一次学校的校招机会。她后来得到的 Target 公司为期 10 周的隶属于全球调研部门的商业分析暑期实习，也是得益于"近水楼台"的校招。Jenny分析，如果不走校招途径，去 Target 要经过一轮电话面试以及一轮 HR 面试，而校招则只有一轮面试。不得不说，之前有心积累下的求职窍门为 Jenny 顺利拿下这个职位大有帮助。经验丰富的她应对所有类型的面试问题都得心应手，足以做到"兵来将挡，水来土掩"。面对 Target 这种面试多以行为类题型（behavior questions）为主的雇主，Jenny 自然也是胸有成竹。

只是在最终拿下这个职位之前，Jenny 仍有一丝顾虑：虽然 Jenny 在校期间做了多份实习，但都与自己希望申请的目标职位有所出入，疑虑自己能否得到候选人资格。经历面试后，Jenny 发现，Target 这样的大公司，看重的不仅仅是相关经历，更注重每一个面试者的个人能力以及他们的发展空间。对于爱跨领域的面试者，Target 反而更加偏爱。就像某知名美资广告公司在职位描述里加了这么一条："如果你有一点'怪'，那很可能就是我们要找的人哦！"因此，Jenny 也特别建议所有正在找工作的同学，找工作时不要犹豫不决，畏首畏尾，如果是心仪的工作，就大胆地投简历，展示自己最好的一面吧！要广撒网，不要只局限在某一个特定的领域；要放眼其他方面的工作机会，更不能被自己过去的经历局限了自己的申请；最最重要的一点：从心而觅。"Target your target，Dream your dream."

职场达人求职妙招 3——熟悉和享受工作环境

在 Target 实习的十周里，Jenny 深入地感受到这家美国大型连锁零售商企业文化的魅力：平等、律己与自由。没有上下级间的等级的约束，友好上进的工作环境，完善的员工培训体系以及自由的员工发展制度。在 Target，员工可以零门槛地跨部门交流——"法制即自由"。一个国际大公司里竟有如此制度，让人不可思议，细细想来，也不无道理：特意的放松意味着在公司内部，员工拥有更大的" 跳槽" 自由度和更多的相互学习交流的机会。这就如手中一把沙，用力握紧，只会让其逃离，不如将手放开，随风而去的沙粒更有可能会聚沙成塔，形成更加稳固的形态。因此这样的环境下，不难想象，员工很少会感觉到不开心或者不快乐。

回顾不长不短的求职路，Jenny 觉得，找工作就像找结婚对象，求职者和招聘方，不是一厢情愿的戏码，而是两情相悦的契合。因此，正在求职路上前进的朋友们能做的，就是提前做好功课，做好对每一个理想公司、每一个梦想职位的前期了解。当然，在" 找对象" 这个过程中，更重要的是，坚定不移的信念和积极的自我暗示。

找工作过程中最痛苦的就是漫长的等待。最暗的地方，才能看到星光，Jenny 已经 target 到了 Target。你已经在为你的梦想行动了，它还会远吗？

导师点评

在找工作的过程中，我们当然要尽量满足公司的需要。但公司要找的是人，而不是机器。你的特色，你的性格，你的背景都是你应该突出和尽力彰显的。像 Jenny 所写的，找工作是两情相悦的契合。不用掩盖，也不用伪装，这样你才能找到适合自己的最好工作。

HS：找工作不是闭门造车、不是自己单方面的埋头苦干，更是要走出自己的小世界去看看到底真实的公司、职场是什么样子的，自己可以怎样融入，生存，发展，共同成长。但是像 Jenny 这样能够找到契合度如此之高的工作的毕竟不是全部人，我们同时也需要不断地改变自己，让自己更好地适应万变的职场。

圆梦四大之自荐到安永

和大多数没有工作经验的同学不同，Milan 姐数学系本科毕业后选择了直接工作，她先在四大干了 1 年 financial analyst，后在一家 start-up 公司做了 2 年 financial controller。积累了一些工作经验后，Milan 姐想走出去看看外面的世界，也想回到校园继续念书，于是便去了 Rochester 读 finance。

Milan 姐 2012 年 6 月从 University of Rochester 毕业，7 月底开始找工作，8 月底便拿到了 Ernst & Young 的 offer，主要是做 analysis，valuation & business modeling 的工作。

那是什么让 Milan 能够脱颖而出，在短短一个月内便找到工作？我特别采访了 Milan。

Sparkle 1：Networking 之华尔街酒吧——从与 alumni 做好朋友开始

面临毕业，Milan 姐却很淡定，一方面因为已有一定工作经验，另一方面则因为留恋校园生活，所以并没有急于找工作。

不过现实终究是现实。毕业后，Milan 姐开始海投简历。可是直到 8 月初都没有收到任何消息。

她希望在纽约工作，所以一直很积极 networking。首先通过 Linkedin 联系上了一个在标普工作的校友，约在一个活动上见面。可是当天参加活动的人太多，未能找到他。后来她又在 Linkedin 联系他。不过，校友工作实在很忙，每次 M 姐发去的邮件要等隔半个月或者一个月才有回复，不过好在约到了见面机会。

Milan 姐再次强调一定要多发 networking 的 email。虽然很多时候自己热情洋溢的邮件石沉大海，但其实很多时候不是校友不愿意回，而是他们有时候真的真的很忙，没有时间回复你。

同时，Milan 姐也去了很多 networking 的活动。在一个 alumni networking 活动中，她遇到了一个标普的 director 和一个 Citi 的 VP。Milan 姐和他们聊得相当开心。之后两人又建议一起去他们在华尔街经常去的酒吧。当晚大家玩得相当开心，接连去了华尔街附近的三四家酒吧。还好 Milan 姐蛮能喝酒（看来在美国我们还是需要有一定的酒量来应酬），大家喝得聊得很尽兴。就这样，在轻松欢乐的氛围中，她和校友兼业内前辈的关系就拉近了。后来，大家都喝得有些 high，结果没等 Milan 姐开口，alumni 就和 Citi 的 VP 开玩笑说一定要帮 Milan 姐找到工作，VP 也豪爽地说："没问题，包在我身上！"虽然最后 Milan 靠自己就已经找到了很好的工作，但由此可见，和校友联系并不要一心想着找工作，首先我们要和他们做朋友。

Networking 也是对智商和情商的考验。多和人聊天，态度要积极上进，别人才会喜欢你。平时要多注意修炼自己的情商，比如：1. 多锻炼语言交流沟通能力；2. 多了解业内新闻，比如收听 Bloomberg radio。像 Milan 姐每天开车上班，开车路上顺便收听 Bloomberg radio 以了解最新市场动态，这样到公司和同事们聊天也有很多谈资；3.主动主动再主动地去学习美国的文化，积累一些 casual talk 的话题，例如美国人为之疯狂的篮球，如果聊天的时候能谈一些有关 college basketball 的内容，你们的对话应该会更有乐趣，更容易建立关系。另外，个人性格很重要，这是短时间内能和别人建立起良好关系的一个关键因素。

Sparkle 2：化被动为主动，给自己创造机会

在令人抓狂的 8 月投简历期间，由于有效地利用了 networking ,Milan 姐联系上了相关校友并请 alumni 帮忙递简历，很快就有了面试通知。看来，通过校友投递简历是一种效率非常高的途径。

在经过了两轮的电话面试之后，Milan 姐的简历到了一个 partner 手里。当被问到是更愿意在东海岸工作还是在西海岸时，Milan 姐说自己非常喜欢加州，并且自己的背景和公司要求很吻合。但是申请这份工作的竞争很激烈，有很多优秀的候选人申请，当然也有一些本地人，公司很有可能更倾向选择本地人。当时那个 partner 说需要考虑一下是否让她飞到加州面试。

Milan 姐对这次电面结果不太满意，有些沮丧。在接下来的几天里也都没有收到一点消息，她甚至觉得对方有 99.9%的可能都不会让自己飞去加州面试。但 Milan 姐没有放弃，决定要给自己创造和争取一个机会，哪怕只有 0.1%的可能。于是果断给那个 partner 写了封 email 告诉对方自己两周后恰好会在加州，是否可以要个面试机会。

对方回邮件说如果你恰好要过来的话，那就来吧。

比较幸运的是，当天到加州面试的时候，只有 Milan 姐参加。五轮面试从上午九点一直面到下午两点才结束，包括专业、行为和面试官个人偏好问题。

其实，中国同学的专业背景都挺强的，但很多时候我们缺乏一些给自己创造出”恰好”的勇气与果断，化被动等待为主动争取，给自己创造机会！

Sparkle 3：For 没工作经验的同学——如何选学校——target school

Milan 姐建议大家其实在来"米国"留学之前，就应该对自己的职业规划较明确，以及对学校和行业有一个比较深入的调查，比如哪些公司是你的 dream company，它们招人的 target school 有哪些，给你 offer 的学校是不是在 target school 中，因为有些公司只招这些学校的毕业生。除此之外，也可以问 alumni 有哪些公司会来自己学校招聘。

举个例子，同班一个没有工作经验的同学只想进四大，但遗憾的是 U of Rochester 不在 target school list 中，通过了解四大的 target school，后来去了其中一所念了一个 accounting master，成功曲线救国，进入四大工作。

导师点评

主动可能是留学生求职最有效的利器。像文中的 Milan 无论是社交还是面试，都把主动权牢牢地掌握在自己手中。当然，你主动出击、联系，肯定会有时候被拒绝，但一万个拒绝都没有关系，因为你需要的只是一个肯定。

HS：我们之所以选择不去做一些事情，是因为这些事情带给我们的收效实在太小或者太不明确，但是如果有 1%的机会可以实现，带给我们的则是 100%梦想的实现。目标的实现是一个量变到质变的过程，也许每天早上听收音机、锻炼社交能力在短期内并没有给我们带来巨大的回报，但是日积月累我们就会遇见一个更好的自己，一个拥抱成功的自己。

清楚自己要什么才走得更好

Caroline 目前在印第安那大学读 MBA in accounting，将于 2015 年 5 月毕业。目前已经拿到了 PWC 纽约办公室的工作 offer，如果顺利办理，2015 年 4 月可以第一次抽 H1B 签证，概率 30%，用本科的学位。如果抽不到，在明年再用硕士学位抽签，几率在 60% ~ 70%。

而拿到这个 offer 其实缘于之前 Caroline 在这个公司做了 summer 的 CPT，职业的规划这一步就走得很好。Caroline 在大二的时候就已经开始了对工作的关注。大二的暑假是在国内的跨国公司实习，大三的暑假是在 Cook Medical Inc. 做 accounting/finance internship，然后大四的暑假就申请到了 PWC 纽约 office 的实习 offer，接着就是拿到了正式的 offer。所以可以看到实习在找工作中的重要性。Caroline 直接就跟我说如果之前不是有在 Cook Medical 做过相应的实习，基本不太可能拿到 PWC 的实习 offer 的。

此外对自己清晰的定位也很关键。Caroline 因为读的专业是会计，所以基本上她就锁定了四大会计师事务所。以下是她对申请四大实习的经验分享：四大的 audit 和 tax 基本都是 behaviour interview，要求学生很 social，态度积极；四大的 on-campus 活动，去得越多越好，多和 recruiter 以及过来分享经验的 full-time/prior intern 们讲话。我当时是把工作放在第一位，学习放第二。四大的各种活动都尽量参加，商学院/会计社团以及其他一些志愿者活动也尽量多参加。Leadership 的经验对四大很重要，在社团组织里担任 officer/leadership position 是很好的途径。我在刚开始的时候只知道一些大公司有名气，基本不知道公司业务、企业文化是怎样的。通过参加公司活动（company presentation，career fair，office hour，social event，etc.）以及跟他们来的人networking，从他们那里可以得到很多有用的信息。比如不同部门员工的工作性质、员工对公司的评价感受等。这些对我之后的面试很有帮助，可以让面试官知道我是多么了解这个公司，我为什么适合这个公司，多么希望成为其中一员。

无可置疑，Caroline 做了很多的准备，所以她对在美就读的学弟学妹在职业规划方面有如下的建议：

1. 新环境比较吃力的话，大一的时候可以专注学习，有能力也可以开始打工和找工作。但大二一定就要开始为工作做准备。参加社团，锻炼自己 leadership 的能力。跟会计和金融相关的社团，或者是志愿者也可以，只要能让你的经历和学识变得更有趣。大二找 internship 有难度，如果美国找不到也可以在中国找，这个会对明年的找工作/实习有帮助。Caroline 之前大二的暑假在国内的 EY 有过实习经历。

2. 第二个是打工。从校内打工开始，拿到 SSN；知道如何跟 co-worker、supervisor 和 customer 打交道，面试官会注重这方面的经历。

3. 最后一个就是跟学业有关的助教。Caroline 修过会计课、excel 课和统计课的 tutor。这些可以展示你个人学习能力不错，更重要的是有能力传道授业解惑帮助其他人，communication 能力很强。另外对自己其实也很有帮助，自己学了一次，tutor 别人时又加深印象了一次。

导师点评

目标清晰的人总是看来步履轻快又自信乐观，在人生的一段一段旅程中，知道自己要什么会省却很多麻烦，对至关重要的就业来说更是如此。盲目的体验不仅很糟糕，而且会影响你的未来。但年轻的心总是容易失去方向，你要做的只是和心灵来一次坦诚的对话，撇除其他因素，找到心之所向。

HS：定位是一个在职场中频繁出现的词语，产品需要在市场中定位来寻找消费群体，员工需要在集体中定位来塑造核心的工作模块，品牌需要在竞争中定位来传递文化和价值。在找工作的时候，明白我们想做什么岗位，就是定位的第一步。如果你愿意听从内心的声音，这一步并不难。

金融小硕高盛求职记

新年伊始，对 Christina 来说，来自 dream company Goldman Sachs 的 offer 无疑是今年最好的新年礼物！Christina 现于 GS 的 finance division 担任 financial controller。这是介于 GS portfolio team 和 IBD controller team 之间的一个职位，属于内部风险识别（后台保障），偏重分析，要求求职者具备 accounting 和 finance 双重学术背景并熟悉国际准则。也因此她的同事大多都拥有 2 ~ 3 年四大工作经验。Christina 具备本科 accounting 和研究生 finance 双重背景，且在研究生阶段只用一年就考出 CPA，在硬件方面可谓是非常契合 financial controller 的任职要求。但除此之外，Christina 还有什么其他背景和经历受到招聘者青睐呢？相信她的经历会给正在为自己梦想努力的"童鞋们"带来一些借鉴之处。

Christina 申请了 GS NY OFFICE 的实习，该项目只招 MBA，所以申请阶段她就被无情地 PASS 掉了。但后来在和本科一位教授的邮件联系中偶然得知 GS 的一个 VP 正是该教授的学生，于是教授便向那个 VP 推荐了 Christina。当然前提是因为 Christina 在本科时不仅在该课中表现积极出众，且最后的期末成绩优异，是教授喜爱的好学生。所以，同学们最好能在一两门课堂上好好表现，和教授保持良好关系，需要时可以找老师帮忙推荐。就这样，Christina 被推荐直接进了面试环节，从头到尾总共参加了 3 轮面试，而每一场面试都是智力与体力的挑战。

时刻准备着

GS 一直是 Christina 的 dream company。在面试之前，她已经将 GS 公司架构、发展历史，包括从第一次经济危机到 2007 年金融危机过程中 GS 的发展历程都了如指掌，也对面试环节中很可能出现的 behavioral question 进行了总结归纳，可谓是成竹在胸。对于拿到渴望已久的 dream company 的面试，Christina 知道机会难得，所以倍加珍惜，充分准备。

在递交简历三天后（周三）她接到了一面通知，这次共有四个面试官，每个一对一面半个小时。紧接着，周五去 NJ 参加第二轮面试，这下子面试官增加到了六个。第三轮面试是在盐湖城，和第一轮面试一样也是四个面试官，分成 2+2 两组。这三轮面试问题主要是 behavioral question 和一些常见的题目，比如：说说你的两年、五年计划，为什么选择 GS，为什么选这个职位。很巧的是，Christina 高中的时候就读过一本叫《GS 玩转地球》的书，GS 在 Christina 心里树立了无限崇高而神圣的形象。所以在回答为什么选择 GS 的时候，Christina 用自己与 GS 的渊源对面试官晓之以理、动之以情。所以，同学们平时一定要尽量多阅读与经济相关的书籍、报刊和杂志，比如 WSJ，NYT，ECONOMIST，BLOOMBERG，CNBC 等，拓宽自己 finance 的知识面，为日后的面试做准备！其次，对于面试经常出现的 behavioral question，Christina 建议大家最好每天准备 1~2 个，这样日后面试会从容很多。总之，时刻准备着！当机会来敲门时，绝不放走！

另外，Christina 再次强调要与可能对自己有帮助的人保持联系。由于长期和本科学习阶段的老师保持良好联系，她才可以拿到 GS 的面试机会。正所谓 Success is when opportunity meets preparation and chances help those who help themselves，最后 Christina 进入 GS 是偶然也是必然的结果。

求职路上求助超给力校友

关于 networking，Christina 觉得中间人介绍最有效。如果给一个校友发 e-mail 长时间不回，建议大家不要灰心，可以同时给多个校友发邮件，但注意邮件要有针对性！

Networking 的途径主要是通过 Linkedin，如果联系到一定程度便可以考虑给校友打打电话保持联络。同时让自己努力融入美国文化，比如空闲的时间去去 bar 结交一些当地的美国朋友。在与外国朋友的交往中，Christina 发现美国人通常很乐于帮助朋友，他们希望每个朋友都好，认为多一个朋友多一个资源，这是一种互利的关系；印度人的处事方式大多数情况是如果一个印度人进入一家公司，他会尽可能把自己认识的印度朋友都介绍进来；然而由于咱们不同的文化和传统背景，很大一部分中国人防人之心很强，不大愿意同别人分享自己的资源，在一定程度上来讲更注重自利而非互利或共利。所以，在和中国同学或校友 network 的同时，不妨也多和美国及其他国家的同学和校友 network，很可能最后你会得到意想不到的结果！刚开始找工作的时候，Christina 在 LinkedIn 上搜索相关校友信息，但是苦于没能成功将其加到自己的 connection，于是去找 dean，看 dean 能不能提供一些帮忙。很快，Christina 联系上了几个校友，其中遇到一个令她感动到不行的超级给力校友。Christina 晚上 10 点半左右给校友写了封邮件并附上了自己的简历，没想到还不到 2 分钟就收到回信说同意帮她改简历。更给力的是，校友竟然连夜帮忙改简历，在凌晨 2 点将热腾腾的新简历发给了 Christina，当时 Christina 感动得热泪盈眶！同时，同学们可以多去 career office 问问有没有校友在自己的 target company，然后想办法联系上校友，亦或是找 dean 帮忙。惊喜也许就在转角处，关键看你是否坚持努力地去寻找！说不定你下一个遇到的就是超级给力的校友！

面试之后的 follow up

在面试过程中，Christina 细心地对每个面试官提的问题和提到过的 points 做了笔记，这里要强调的是笔记一定要针对面试官提到的重点，然后面试结束后 24 小时内再分别给每个面试官写感谢信。

成绩很重要

对于 master 来说，GPA 重不重要？有多重要？对于公司来讲，3.2 是一个坎，3.5 是另一个坎。Christina 建议找工作的同学最好能有 3.5 以上的 GPA，而致力于读博的同学就另当别论，当然是越高越好。给 job seeker 的建议如下。

1. 做任何事情都能学到东西，全身心投入现在手里正在做的实习或工作，注重过程，获得成长。谁都不知道你现在所有的经历在将来的某一天会不会帮到你！

Christina 拥有清晰的目标，并一直朝它努力，脚踏实地地做好自己该做的、能做的事情。在去 GS 之前，Christina 虽然并没有很牛的实习经历但却很多元化，做过 international trade，做过 accounting，在 IRS 做过 tax return volunteer，这让 GS 的面试官觉得她不仅很 capable，同时也很 versatile，发展潜力很大。

2. 当被问到自己在面试中还有哪些方面需要改进，Christina 说希望自己在今后能锻炼出快速推销自己的能力。这需要极强的侃大山和面对面交流能力。而对于中国学生来讲，比较欠缺的就是沟通能力。这里有一些小技巧：提高英语水平，特别是英语口语；open-minded，kind，保持微笑；不要怕讲错，不要怕听不懂，不懂的请对方再讲一遍，特别是在面试的时候，千万不能不懂装懂；会适时适当地开玩笑。

3. Networking 只是帮你拿到面试机会，能不能把握住机会还得看你个人的能力和面试表现。另外，对于那些可能对将来找实习找工作有帮助的宝贵资源，我们可以用一些比较特殊的方式来保持联系，比如在节日的时候送上一张温暖的卡片，要知道老美是很吃这一套的。

导师点评

Christina 真正地做到了厚积薄发。其实无论什么工作面试，最长都不会超过一天。但在这之前的准备却是漫长而艰辛的。比如重要的 GPA 成绩，这个可能从你入学第一天开始就需要上心了。比如前期对于公司和团队的研究，和相关人的 networking，可能在几个月前就要行动了。面试就像是期末考试，但成绩在这之前已经基本上决定了。

HS：Christina 的事迹还是在告诉我们一个被讲过千遍的道理：商科求职过程当中，networking 很重要。抓住一切机会建立人脉，对每一个校友或者可以帮助我们的人都要报以 100%的热忱。

在金融界做 IT–Bloomberg 工程师自述

在美国做程序员，工资还算可以，压力也还好，另外市场缺口也相对大。

如果你要做一件事情，而你又不知道方法，你就应该去问做过这件事儿的人。这里要注意：问一个聪明人，许多时候远不如问一个傻子管用。因为聪明人很聪明，他们随便怎样便可以很轻松地把事情做成做好，所以他们的经验可能许多时候并不适用；反过来，傻子往往能给出很多不错的建议，因为傻子没有足够的天分和才智，傻子们需要付出十足的努力，收集大量的信息，不断坚持正确的方法，不断地跌跟头，才能获得自己想要的，所以傻子给出的经验和建议大多时候更加可取。

好消息是，本文作者就是这么一个傻子，写下的则是那些傻乎乎但是直白实用的经验与教训。在这里我希望能和读者分享一些自己的体会，哪怕能帮到一两个人也是好的。

作者本人去美之前的学历是大连理工化学工程工艺本科，后来在美国读的 CMU 的 master of chemical engineering，现在在纽约一家面向金融市场的 IT 公司供职。成绩单放眼一看全是 B，找个大写的 A 很不容易。总结起来就是牛校的非牛人。在国内学的 C 语言入门，正式学编程是来美国几个月以后，成绩单上一共也就 5 门 CS 专业相关的课程 ,都是自己平时挤时间外加利用暑假学的 CMU 的比较基本的本科 CS 课程。如果刚来美国时有人告诉我我将来会做程序员，我是不会相信的。

我跟聪明这个词连边儿都不沾，因为从小就不是尖子生。到了人才济济的 CMU，放眼全是清华、浙大、中科的尖兵，配上优秀的印度留学生和美国犹太学生，我的成绩没有可能引起人们的重视（就像我的长相一样）。

但最终有两个好的想法帮我后来获得了还算满意的局面。

1. See the big picture。我很早就意识到了将来就业的问题。第一次学校春招的时候我去凑了凑热闹，发现海海的公司大多都是来招程序员的，招化工人才的相对偏少（而且大多要 citizenship），这也很好理解，因为 CMU 的 CS 及相关专业在美国是口碑很好的，另外传统行业偏向招募美国公民，而对外来留学生最友善的行业，非 IT 行业莫属。另外我对之前几届前辈们的就业情况也做了一些研究，发现自学 CS 课程的在就业市场上的优势更大，而少数完全投奔 CS 的则早早地就拿到 offer 了。我也在最短时间做出了调整，第二学期便报名了入门级的 CS 课程。后来学期结束，我约谈教授，提到了我想入行的问题，教授给我列出了一张课程清单，其中涵盖了做 developer 所需的基本课程。最后他祝我成功，对我说："After you went through all those courses I put on this list，you will be very employable." 并同时做了一个数钱的动作。对当时的我来说再没什么比这个更吸引人了。后来我也就大幅增加对学习 CS 的投入，而那些教授帮我列出的课程对后来就业起到了巨大的作用。这里我并不是说 CS 就比化工好，或是化工就比 CS 好，也更不是说学编程就能找到工作，而是说在留学过程中要尽早清楚自己的目标和周围的大环境，并随之加以调整，在有限的时间内让自己尽可能地适合市场。

2. Hard things make a difference。学编程并不轻松，开始学编程后经常熬夜甚至要熬通宵编写 code。multi-thread，virtual

memory，各种算法，对我卑微的智力简直就是酷刑，而修改 bug 更成为了家常便饭。大量的咖啡和能量饮料也是现在回想起来都后怕的。

之所以提这些，也是希望大家明白，编程对很多人来说是一个需要大量投入时间和精力的工作。不过我们来美国留学并不是为了度假，而是为了在更高水平的教育下解放自我，提高能力，让自己达到更高的境界，用青春来换取实力。而判断一件事能不能让自己有大的提高，最好的方法就是看这件事容易不容易做成。吃薯条点心很容易，坚持去跑步健身很难；睡觉很容易，熬夜学习很难；看电视很容易，学知识很难。总之，困难的事情，大多都是有更多回馈的。我周围许多优秀的人，有 IT 的，有投行的，有科研的，在学校时都是熬夜不断天天学习。他们都坚持让自己不断在困难的道路上前进，最终使自己更加具备竞争力。

背景介绍有点扯远了，但基本的意思希望我都表达的清楚了。留学生除了少数大牛以外，大多数人都要面对自己在能力、学校排名、专业就业等方面的种种不理想。留学期间我们唯一拥有的，就是奋斗、学习和选择的机会，把握好这些机会，即使起点稍低，也可以获得巨大的回馈。

从毕业到失业到就业

其实和找工作的历程相比，学校里熬熬夜赶赶 due 都是小意思。

年底被一堆期末考试和 due 折磨，终于毕了业。之后就发现自己失业了，under no cover anymore。我在匹兹堡找了三个月的工作，接到了一些电话面试，也去了学校的招聘会，可由于自己专业不对口以及知识学的深度和广度都不够的原因，屡屡碰壁，有时题答得太差被 HR 羞辱，放下电话后气得拿头撞墙。期间也去过加州 onsite，结果第二轮就被淘汰，最后面试官都失去了耐心。在 CMU 大牛一抓一大把，有同学没毕业就被 G 家 F 家相中还有的一口气拿 9 个 offer。传说数不胜数。而我只能一边默默刷题练 coding，一边默默查邮箱等面试，第一轮面试面试后悻悻地忍受被拒。后来我反应过来，如果留在匹兹堡我就必须和 CMUers 竞争，而且都是正经 CS、EE 出身，而那样根本就不现实。更大的问题在于，匹兹堡是一个我相对熟悉的地方，在熟悉的地方日复一日地过没人管的生活，人也很容易懈怠。于是我便退了房子，一路来到硅谷，一边在 Fremont 蜗居，一边继续找工作。更换新环境以后我的学习效率提高了不少，对 IT 市场也有了新的认识：硅谷的机会相当多，在圣何塞街头一晃，满是穿西装配运动鞋，背着旅行包的码农们。硅谷小公司多如牛毛，很多都是 start up，这里要说明一下，小公司往往雇佣门槛比大公司要高，因为小公司中单个员工承担的任务会更大，自身想法和实力对公司的发展也有更直接的影响。虽然面试更难了，但对我来说情况却是更好了，因为面试机会增加了，这本身就是很好的提高的契机，在不断面试不断被拒的过程中我一直调整自己，改简历，改穿着，改自己的说话习惯等等，从一开始的第一轮被拒，渐渐过渡到后来面完经理后再收到拒信了（我这人脸皮就是厚）。直到后来 6 月接到东家的面试。这时已经距离我毕业半年多了，但在这半年里，随着不断地刷题，练代码，看一些计算机系统的书，面试水平也比以前强了很多，脸皮也厚了不少。顺利通过电话面试后一路飞到纽约，无惊无险地通过 onsite，第二天就拿到 offer 了（这里不具体讲流程，因为单个公司的面试过程不具备普遍性，我建议读者到 glassdoor 上收集面试公司的具体面试流程）。

后来我坐火车从旧金山一路横穿美国到纽约，在饱览沿途风景的同时我也在回想过去的大半年，真正让我找到工作的因素有很多，有 CS 课程，有刷题，有很多朋友的帮助，但最关键的是不要放弃找工作，不要因为面试被拒就放弃，要每天坚持做正确的事情，以及敢于改变固有的想法（我的简历大改了好几次）。

作者觉得有必要做的事情（We have to do things because things don' t do themselves）随便列一下，没什么特别的，但关键是要每天都去做。

强化个人简历：简历是 HR 建立印象的第一关，对于大多数找工作的人来说，刚开始的简历和最后得到 offer 时的简历，是完全不同的：后者要比前者水平高很多。整个找工作的过程中简历应该不断被更新和修改。说到写简历，我倾向于先看所寻求工作的 requirements 细则，在了解细则以后，要尽量把自己的简历往细则的要求上靠拢。细则要求的，尽量多写，比如说：公司要求应聘者会 C++，那么就应该在简历上多突出自己 C++方面的经验。细则没要求的，完全可以不写。要记住，一篇臃肿的缺乏重点的长简历，远比不上一篇短小但是符合用人单位要求的简历。决定一份简历第一印象的，是简历上能够引起 HR 兴趣的关键词，而不是长短、排版、字体这些次要的东西。刚开始写简历时，可以参考网上的模板，也可以使用专业的简历编写器。

做面试题：整个求职过程中最核心的部分，也是最耗时间的部分。虽然说经验是找工作中最重要的，但面试题作为一种直观的、标准的考察面试者思考能力的 benchmark，是 IT 面试者肯定会大量遇到的（这里还要说一点，面试题如果答不出来或是给不出最优解，面试基本就失败了）。leetcode 网站上和 *crack coding interview questions 150* 上都有练习题，并且大多数情况下都会在面试中遇到题库里有的题。可问题是许多算法题非常繁杂，只有大量的练习才可以让自己面对题时手到擒来。刚开始看到那么多面试题的时候我也头晕，不过练习几个月后就可以把常见的那些都弄懂了。我建议大家先从 150 题这本书开始，书中除了题目经典以外，还可以帮读者明白面试题的分类和考察方向。以 150 题为纲要，就可以很好地有计划地处理 leetcode 上的题目了，虽然不是说刷过所有面试题以后就一定能找到工作，可是没有人愿意因为一个算法题答不上来而被拒：刷题是应对这一问题的最好的方法。

寻找合适的地点居住：这个我深有体会。由于公司需要负担面试者的来往旅行费用，所以大多数公司希望就近招募。我搬到硅谷以后，面试机会比在匹兹堡多了不知道多少，就是因为原先需要公司花上千美元的机票，现在一个几美元的湾区轻轨票就能搞定。同理，很多找石油类工作的人搬去了德州，制药工作的去 Jersey，金融的来纽约。搬到机会多的地方非常之重要。

看专业书：我当时一直在看算法类的书和计算机系统类的书。当然读者也可以根据自己的方向决定自己想看的。看专业书相当于"练肌肉"，是增加自己实力用的。由于时间相对有限，找工作时我更侧重于看面试官可能感兴趣的书的重要章节，并练习用英语概括这些章节中我学到的内容。举个例子，在面试官问我 virtual memory 的时候，我用一个"木工的工作台"来比喻 memory，用"有效管理工作台上放置哪些工具"来概述 virtual memory 的基本想法。这些对于高手来说可能很小儿科，可是对于半路出家的应聘 entry level 的应聘者来说，是很有帮助的，至少我在面试时这样给面试官讲解，面试官还是很满意的。看专业书并不仅仅贯穿找工作的过程，甚至可以说它贯穿人的整个职业生涯（这是公司 senior developer 给我的心得）。

在 LinkedIn 上投简历：这里注意要避免在口碑不好的网站上投简历，浪费时间还容易被 ICC 骚扰。LinkedIn 则非常正规，很多大公司的猎头都在这个平台招兵买马。要注意和 HR 及猎头保持联系，一个有很多 HR 和猎头做 connection 的账户是更吸引眼球的，另外建议大家花钱申一个 premium，能够增加自己被搜中的概率。

练习口语：很多中国留学生都会面对这个问题，我的想法是：除了自己练，没别的方法。我一般是假想自己在面试，脑海中要有自己和面试官谈话的场景，然后反复练习回答常见的问题，比如 introduce yourself，tell me about××project you worked on，what do you know about××等等。这种练习在进行一段时间以后会非常有用。IT 面试不需要倾注太多精力在 behavior 问题上，而是要更侧重解释自己的 skill set 和过去做过的 projects（这些是 HR 除了 coding 题以外最感兴趣的内容）。平时练习用英语来描述这些内容，对实际面试非常有帮助。

接到面试通知后还要上网查阅公司的信息，然后制订几个针对性强的问题，这里指的是和所面试公司的领域，尤其是所用的 tech 有关的问题。这样在面试官问你还有没有问题时，你可以问些有层次的东西。记住，问问题要比回答问题更难，因为好的问题只有懂得多的人才能问出来的。事先准备不足，很可能就会问 stupid questions。最好拿出时间看一下 stupid questions 汇总，避免犯低级错误。

锻炼身体：非常重要，因为离开学校后就没有了约束，很容易就出现懈怠，锻炼身体是保持旺盛士气的最好途径。

导师点评

作者职场的成功从他跳出自己专业束缚，看到大的市场方向那一刻就决定了。在我们求学和求职的过程中，我们往往会被自己的专业，自己"应该"去做的事情所羁绊。但更大的机会也许正在这个 box 之外。我会建议同学们自己考虑一下自己想做的事情，这个市场够大吗？未来的发展空间广阔吗？是新兴方向吗？把自己放在风口上，即便不飞，也能跑得轻松许多。

HS：这位文笔诙谐的工程师成功的原因在于两点，首先是认清楚宏观形势和市场需求，其次就是不遗余力地为之努力。岁月越艰苦意味着收获也越大，总会有一天自己会感激当初那个头脑冷静并且永不言败的自己。

永安——为了圆梦，为了证明自己

历经了四年在 UT-Austin 丰富充实的大学生活之后，我顺利地从 UT-Austin 毕业，即将正式踏入社会。面对就业网站上五花八门的工作机会，我感觉到一种崭新的生活即将来临，心中有无限的憧憬和向往。也许在不久的将来，我就能够有一间宽敞明亮的办公室，让我在里面为自己的公司效力。虽然心中有无限的畅想，但是摆在面前的现实就是我得真正找到一个合适的雇主，让我的这些畅想可以实现。

不得不说，毕业之初，当我在美国真切地面临就业问题时，我心中还是很恐慌的。作为一个刚刚踏出校园大门的大学生，完全不知道应该从哪里入手。尽管毕业前在学校的 Career Center 学习过求职就业的一些相关知识，老师和一些机构的工作人员也做过一些讲座，但是，当真正开始自己的实际操作时，心中真是很没有底。起初我自己进行模拟面试的时候，为了让语言表达更加地正式和沉稳，我甚至连说话速度都不正常了。我心中默默地告诉自己，不能像平时和朋友说话那样随意，这可是正式场合，我在这方面还得多练习。

但是，当我投一些简历出去却久久得不到回复的时候，我心里就有些担心了。连一个体面的面试机会都没有，仅有的一两次面试也因为我临场表现不佳，结果也都不尽如人意。屡屡碰壁的感觉真是糟糕透了，加之来自家里的压力也很大，自己心中也更加着急。每一次和妈妈打电话都会被问及工作找得如何了，我都只能如实告知。当妈妈得知我的工作还没有着落之后，从她说话的语气中我都能清楚地辨识出那种强烈的无耐和失望之感，但是妈妈仍然会安慰和鼓励我，我便更有一种愧疚感油然而生。我知道妈妈一直希望我能在美国工作和生活下去，我也不想让她失望，因此，我从不和她抱怨找工作的辛苦，也默默地坚定自己在美国找到工作的决心，不管多么苦多么难，我一定要坚持到最后。

众所周知，中国人想要进入美国的企业是很不容易的。而我因为毕业的学校和专业比较好，因此也不免有些心高气傲。在搜索工作机会的时候，对于一些不知名的小公司，我一般都没有纳入考虑范围，因此，我的机会相对来说就少了许多。在我 OPT 已经过去将近两个月的时候，连一次体面的面试的机会都没有拿到，心里真是乱得如热锅上的蚂蚁。我几乎每天晚上都睡不着觉，一闭上眼睛就会有无数关于求职的场景出现在我的眼前。

在黑暗中，我思索着怎样才能在面试官面前表现出我的优势和长处，怎样才能够达到他们用人的标准，怎样才能够让他们耳目一新……有时候想着想着，就会不自觉地萌生出"要不然回国吧"这样的想法，因为从 UT-Austin 毕业回国是能找到很好的工作的，毕竟这所学校在国内业界有相当的知名度。而且以我的了解，和我同期毕业但回了国的同学，基本都已经在不错的企业上班了，即使最次的也都已经拿到了不错的面试机会，哪像我这样，在美国等着为数不多的一些机会，感觉一筹莫展。

但是每当我想到回国后就会跟自己这四年的学习和生活有所脱节，离开我喜爱和向往的环境时，我便打消了这个念头。我所要的不是回国，依靠家人提供的便利，进入某个举足轻重的公司，沿着他们给我铺好的道路走下去。我想要用我自己的力量，为自己的将来担起责任，这也是我在美国求学的几年另一个重大的收获。着急归着急，我也不能乱了步伐，我一定要坚持下来。脑海中浮现出在我成功时妈妈脸上欣慰的笑容以及盼望我成功那种期待的眼神，心中便又一次放弃回国的念头，妈妈对我这样大的期望，我怎么能辜负呢？我的家里并不是很富裕的那种家庭，为了供我出国念书，爸爸妈妈已经付出了很多。他们没有让我赴美求学的心愿落空，我又怎么能就这样辜负他们呢？我必须靠自己，给家人一个交代，也给自己一个交代。

在最后一个月的 OPT 里，我更加积极地投简历。为了让我的简历更加具有吸引人力部门眼球的效力，我做了大量的搜索，学习怎么样排版更能够凸显我的特质，在语言描述上也尽可能地体现我在之前的学习和其他活动中担任的角色以及我的能力。我每天都抽出一个小时的时间来模拟面试场景，一次次地练习回答面试官可能会问到的问题。看着镜子里一次比一次做得更好的自己，我也更加觉得自己有了长足的进步。我相信如果再给我一个通过面试展示自己的机会，我一定能够好好地利用起来。

我的不懈努力终于换来了幸运之神的降临。在我 OPT 的空窗期即将要满 3 个月的时候，我收到了 Ernst&Young 的面试通知。安永——这可是我学习财会以来听到最多也是自己梦寐以求的会计师事务所啊！我当时别提多高兴了，高兴得甚至连美国跟国内有时差都忘记了，直接打电话给妈妈说这个好消息。睡梦中的妈妈被我吓了一跳，还以为是我在美国出了什么事情。我也是兴奋得语无伦次，一个劲地跟妈妈说我有多么开心能够得到安永的面试邀请，安永是多么大的一个跨国企业等等。

为了对这次面试做万全的准备，面试之前我还特意去买了一套正装。面试前仅剩的几天时间里，我每天都对着镜子练习自己的微笑、说话和动作。我相信我已经准备得很好了，就等在面试现场将我所有的努力发挥到最好。

面试的那天，我提前半小时就到达了面试地点所在的大厦。利用这早到的半个小时，我通过熟悉大厦的内部和外部环境，观察来往大厦的人们，迅速地安顿好自己激动的心情，融入了自己的角色中。整个面试过程都很顺利，我的面试官是一个笑眯眯的老夫人。见到这样一位笑盈盈的女士，我的心中放松了许多。由于她对中国很感兴趣，在问了我两三个简单的专业问题之后，她便开始问关于中国风土人情的事情。她问了许多，我也一一回答了她。最后她问我，想家吗？我当时忽然觉得很委屈，那段时间找工作的艰辛全部涌现出来。我点了点头，低头抹掉眼角的眼泪。那位老夫人走过来，拥抱了我，然后在我耳边悄悄说，你被录取了。

我顺利地在这里完成了 OPT，并且运气很好地抽到了 H1B 签证。到现在，我已经在此工作两年了。两年前求职的种种经历依然历历在目，当时的那些焦急、心酸和无耐，都帮助历练了更加强大的我。我知道周围还有许多像我一样，孤身一人在异国他乡，想要通过自己的努力改变人生轨迹的学弟学妹们。而我也希望我的经历能给学弟学妹们指出一条路，那就是，尽早地为自己的将来做好规划，不遗余力地为你的规划付出激情和汗水，以及不管遇到什么困难都要坚持。要是能够充分地做好这几点，幸运之神一定也会来叩响你的大门！

导师点评

对于留学生来说，选择回国还是留在美国是一个问题，更大的问题会在选择后出现和面对。当留学生不再是一个金字招牌，回国找工作不再是一蹴而就的事情，而留在美国，更需要强大内心坚守选择。不难想象，等待和寻找过程中的煎熬，以至于最后的结果被当作了天大的惊喜，实际上它更是一份对坚持的回馈。

HS：找工作就像职场的第一个非正式的任务，虽然没有人规定工期和结果，却同样从各个方面考验了我们的能力。跨入了梦想的职场了，那就把自己找工作时的热情、毅力、智慧保持下去吧，在职场得到更大的收获。

如何像应对女朋友一样应对面试官（世纪难题）

找工作过程中会遇到各种各样的面试官，就好像约会时会遇到各种各样的女孩儿一样。有的会问古怪的问题，有的会刻意刁难，有的会高冷，还有的会让你感觉十分良好然后就再也不理你了。所以，当你遇到这样或那样的面试官并因此不爽时，只要把这当成一次失败的约会就好了，大可不必 take it personal。

在跟面试官说话时，个人感觉语速不要过快，不要有过于夸张的肢体动作，眼神要坚定，必须让面试官明白：You are a person who can handle him/herself，and you mean business.

整个面试的过程中，我个人习惯简短地自我介绍（许多时候 IT 的面试都是直奔主题：coding questions），然后以介绍我学过的课程为切入点，把自己会的东西抖露出来，而且是只抖露和公司 requirements 相关的部分。注意不要过于夸大，否则面试官会给出很高的预期，要是后来满足不了的话就会很危险，但也没必要谦虚，只要言之有物为好，这里言之有物指的是你介绍的关于自己的知识和经验能够与职位的要求相契合；并且你做过的东西要有广度和深度。经验少的人，要多列举自己在学校时做过的课程 project。只要多挖掘，很初级的 project 也会很有吸引力，我在 CMU 时有一个美国学生把自己大一时做的游戏给 HR 玩儿，HR 玩了半个小时还忍不住想继续，因为实在太好玩儿了，结果？结果他当场被录用。

IT 类的面试，之前说过，以 coding interview questions 为主，这里没有什么特别的，要能解答问题才行，除非是开放式的设计题，否则像一般的算法题和知识类问题，要力求回答正确全面。

一个 coding 题答得一塌糊涂的面试者，很难说服面试官自己有过人的思考能力。我当时 onsite 时先是把之前两题用最短时间给出了最优解，然后陈述了所有可能的 corner cases，之后的设计题，我画出结构图，把一个股票实时交易系统的设计想法很好地描述了出来。面试官的设计题提到了用 hashtable，我一口气以最快速度把 java 里 hashtable 的具体实现都说了一下，虽然不算高大上，但至少让面试官明白我确实专注于底层实现和细节，这些是可以加分的。Coding interview 没有别的办法，只有自己平时多训练多思考。另外训练时注意尽量要让自己能把答案背着写出来。很多公司的 phone interview，会让你在 dash board 上敲代码，面试官在另一边看，并问问题。onsite 时大多数则是在纸上写。建议面试者这两个都要训练一下。还要注意，有多个解时，要多跟面试官列举几个，对程序的 corner cases 也要注意。

除了自己言之有物，还要注意谈对方感兴趣的话题，这个和约会一样。举个例子，面试游戏公司时，你可以多谈谈你玩公司之前的产品时的体验和意见建议。我面试时最后把话题引到了 Sandy 飓风上，我问面试官飓风来袭的时候如何确保在 base 被水淹，时刻会断电的情况下能够继续让客户使用。这个问题一来很有趣，二来也表现出了我对系统的 concern。结果两位面试官一下来了情绪，眉飞色舞地给我讲当时的趣闻（如何天天通宵修复问题），面试变成了聊天，而我也顺利晋级。在谈话中，把话题引向有趣的方向是很有用的（注意除了有趣，还要和职位有关，超级碗这个话题最好就不要出现）。

最后，不要在乎面试官的情绪。有的面试官非常 nice，然后就把你拒掉。有些看起来很 mean，最后还可能就给 offer。很多面试者会被 mean 的面试官吓得不知所措，实际可能这正是面试官给出的测试：借以查看面试者是否有自信。所以，只要做好自己，别的都无所谓。至于面试官因为种族问题而刁难面试者的情况，完全是个案，无需担心。

导师点评

其实面试都是一场人和人之间的交流。往往决定面试成败的关键并不在于你们对话的内容，而是你们给对方的感觉。当然，熟练的业务能力会帮助你们建立互信，但 being yourself，be likable 更是重要。要勇于表现自己的性格，积极表达自己。这是你结交新朋友的方法，也同样适用于面试。

HS：台上一分钟，台下十年功，不仅仅是演员表演，面试也是一样。面试最多不会超过一天时间，但是面试背后的付出远远不止一天，每一个问题的回答，每一次和面试官的交流对话都应该是经过深思熟虑、精细演练，每一个细节都细心优化过的。

找工作过程中需要避免的错误
（我们搞砸的事情决定了人们对我们的判断）

碰壁是一门儿学问，初出茅庐的学生，尤其是像我们这样的，在独生子女家庭和应试教育下被塑造了几十年的留学生，很多时候可能不太了解美国职场的隐规则。下面我要就我碰到的几个问题谈谈需要注意的东西。

1. 预防诈骗：有些 HR 无缘无故给你打电话，上来就大谈待遇好办身份，这样的多半不要信。真正正规公司的 HR 都会事先邮件预约电话时间，而且一般都很准时。mitbbs 上也可以查到口碑不好的公司名单。

2. 礼仪问题：着装要入流，面试金融类公司，必须穿西装，IT 类公司至少也要 business causal，网络、游戏这些重视创造力的公司，可以更随意些。如果弄不明白，可以在和 HR 邮件确定面试时间时询问。另外面试后要给 HR 回邮件致谢。

3. 坦诚：如果确实不会，可以直说。少量的夸大是可以的，但千万不要欺骗 HR。很少有人一次两次面试就能成功，所以大可不必由于畏惧失败而违反自己的原则。欺骗 HR 被发现，基本就 over 了。我的同事在当面试官后跟我提到，一个面试者说自己有很多年的 C++经验，可是他连一些基本的问题都模棱两可，结果不言而喻。

4. 冷静：我有几次由于答不出面试题，满头大汗几乎窒息。要知道 HR 是不会喜欢这种情况的，要注意保持冷静思考，可以和 HR 谈自己的思路，即使答不出问题，也要营造自己能够冷静思考的态度。这一点是 HR 非常看重的。

5. 坚持：面试被拒了怎么办？move on! OPT 时间有限，不会有太多的时间让我们沮丧的。能在美国找到工作留下来的人，大多是比一般人更能坚持的人。我被拒过几十次，早麻木了。另外也建议面试者面试前和面试后不要有过分高的预期，另外记住：只有签了 offer 才可以开始庆祝。

6. 注意身份问题：OPT，CPT，STEM，H1B，要细心注意，以免因为身份过期而遇到不必要的麻烦。重要的文件要注意保存和备份。

7. 不要浪费时间：游戏、电视、社交、烹饪、音乐等等。这些东西都是生活的调味品，但在找工作期间不要花太多精力在上面。我确实见过有一些人面试被拒后沉迷于游戏和烹饪，最后 OPT 用完打道回府。

8. 不要降低自己的价码：我犯过这种错误。确实有些面试者会跟 HR 说：“不能给 full-time 的话给个 internship 也行。”这其实是在告诉 HR 自己不够 qualified。HR 招人有严格的规程，不会随意改变 position，所以也没必要通过降低自身价码来求得 offer。对于长期找不到工作的人尤其要注意。

总结一下，找工作的过程也是教会我们成熟和自律的过程。

有用的信息来源汇总：

找到工作的学姐学长们。

职图网 CareerTu.com。

LinkedIn——这个是一定要用到的，必须要有详尽的背景介绍、得体的头像照片以及靠谱的 connections。在 LinkedIn 上投简历也非常方便。

Leetcode——训练编程题必备，拿出刷红宝书的精神来。

mitbbs——待字闺中版块，解答过我很多问题。

glassdoor——用来了解面试大概的流程，以及查看公司的口碑。

学校内部的网站也要多利用。

导师点评

HS：留学生找工作本身就是持久战，各方面的资源都不能忽视，都要加以利用。但是并不是所有资源、所有渠道都是最有用的，要精心筛选，把精力投放在产出最大的渠道上。

大二留学生的求职感言——其实求职是场马拉松

目前就读于波士顿大学管理学院荣誉项目(Boston University School of Management Honors Program)的工商管理专业，主修会计和金融。于 2014 年 11 月成功被普华永道估值组(PwC Valuation)波士顿办公室录用为 2015 年暑期实习生。在校期间曾担任中文老师、社团主席、助教(Teaching Assistant)以及宿舍长(Resident Assistant)等学生领导职位。

拿到普华永道 Offer 的旅程

申请这份实习的过程可谓一波三折。以往，普华永道在我们学校的校园招聘只收审计、税务以及咨询等业务的实习生，并不包括估值业务。我有幸能够获得这份实习其实源于一个意外的机会。

在我大二时候，我的一门金融课的教授曾经是普华永道估值组的合伙人，通过他，我对这个领域开始有一些了解。后来我知道了估值组在普华永道是一个相对新的部门，在波士顿办公室(北美第二大办公室)只有 24 个人，而他们的招聘重点只有 2~3 个学校。我和教授的关系很好，就算学期结束了还一直保持着联系。大三上学期我去找教授问关于实习的事情，他就马上把我介绍给他的二把手 Victor，现在是普华永道估值组的项目负责人(director)。随即，我和 Victor 约了时间通电话，在此之前我做了很多调查，也准备了很多问题问他。整个谈话过程非常地愉快，在电话快结束之前，Victor 邀请我递交简历给 HR。几周后，我收到 HR 的邮件叫我准备第一轮电话面试，之后顺利地进入第二轮 super day 面试。Super day 前后总共 4 轮一对一面试，面试者从经理到合伙人级别不等。大家看到我来自波士顿大学都倍感意外，因为他们从来就没有在我们学校招过人。不过，当我一提到是教授介绍来的，大家就都明白了。面试当天感觉很好，结束后给每个遇到的人一一发了感谢信，得到了其中一个 first-year analyst 的回复说：“大家今天也和你聊得很开心，希望你能得到来自我们的 offer。”我兴奋了一个晚上，最终如愿以偿。

在我看来，求职绝对不是大三上学期的突击冲刺，而是一场从大一就开始的马拉松，尤其当你想要获得非常热门的工作，譬如投行、咨询等行业。所以，start early 对于求职成功是有利无弊，因为你可以犯所有一切你想犯和不想犯的错误。而且，在你大一大二的时候，对方会比较宽容和理解。没有人是天生的社交达人或者面试高手，所谓熟能生巧。如果你能做到从大一就开始 network，了解你想要进入的行业，那当你大三想要找实习的时候，你之前两年所积累的经验将使你在大三求职过程中显得游刃有余。机会永远是给有准备的人，而且很多时候机会停留的速度快得像流星，转眼即逝。要是我没有之前的积累，这次通过教授介绍的普华永道的机会就会在悔恨中消失。闲话不多说，接下来和大家分享一下我个人的经验和总结。

经验分享

1. 做个“面面俱到”的好学生，成为潜力股

就像产品一样，只有一个好的产品才会引人注目。如果对方觉得他们就是你的伯乐，那他们一定会挺你到底。这意味着我们必须武装好自己，让自己成为潜力股。这代表着你要拥有好的成绩（GPA 3.5+），在学校里积极参加社团，最好能有些 leadership experience，假期有不同的实习，当个有趣又有故事的人等等。刚开始 network 的时候我经常问自己，为什么校友要这么帮我呢？既不图财也不图色，在我们这段关系里，好像我是所有的受

益者。后来，我开始慢慢明白其实校友之所以会这么帮你是因为他们觉得你有潜力，你也许让他们想起了自己当时求职时拼搏的样子。人们都倾向于帮助和自己有某种关联的人，所以小伙伴们在 network 的时候一定要记住提前做 research，以便可以通过 LinkedIn 了解你的约见对象，从中找到你们共同的点：也许是同样的爱好，同校，同社团，来自同一个地方等等。

Personal anecdote：我和我的一个 mentor 在 Finance Club Wall Street Trip 的 lunch table 上认识。第一次见面觉得他看起来好严肃，很 intense，就是那种典型的华尔街大鳄的架势。但之后和他保持了联系，之后去纽约和他约见了一次，彼此之间也更加了解。当我聊到下星期马上要跟着荣誉项目去布拉格访问时，他马上神采飞扬，顿时对这趟旅程非常感兴趣，因为布拉格是他最喜欢的城市之一。因为这样我们马上 break the ice，之后聊得非常愉快，他也对我这个人有了更深入的了解。从布拉格回来后，我给他写了封邮件谈了我的见闻和感想，并问他能不能帮我改简历。在 10 小时之内，他直接把我的简历改头换面，之后我们大概又进行了 5 ~ 6 轮的 feedback session，他和我分享了他认为我所拥有的一些发光点，并告诉我应该要如何展现这些，他帮助我把整个简历改到几近完美。

2. Network 不止是因为要拿到 internal referral

听说大概 80%的工作是通过 network 得到的 internal referral。很多时候，不管是学校里的 career center advisor，还是身边的学长学姐都经常告诉我们成功的 networking 是拿到对方帮你内推的机会。我并不否认这样的说法，但是我认为 networking 其实还有很多其他的好处。如果你 network 的时候功利心太强或者目的性太明显，反而会引来别人的反感。我建议大家在networking 的时候应该抱着一种学习和探索的心态，把对方当成一种资源或者知识库，去深入了解对方，包括他们的工作内容、公司文化或者行业前景等你想知道却谷歌不到的东西。这就是所谓的" informational interview"。最重要的是，要对自己诚实，问问自己这是不是想要的理想职业。人们都喜欢真实又 passionate 的人，伪装出来的兴趣一眼就会被看穿。我认为，真正成功的networking 是让对方把你挂在心上，看到有适合的机会时会主动帮你争取而不需要你自己去问，因为他知道你会让他脸上有光。

Personal anecdote :当和很多在金融领域的校友聊完天之后，我发现我对投资银行的工作最为感兴趣。通过和很多 banker 的聊天我发现，投行这份工作可以让年轻人在很早的时候就接触很high level 的工作，接触很多大公司的总裁们，做一些很有挑战性的工作，并有很好的平台和资源。总而言之，我的感觉是投行这份工作就像是金字塔尖的工作，给年轻人一个非常好的起点。

3. 校友真的是大好人

作为国际生，我们只身一人来到美国，举目无亲，去哪里network 呢？很幸运的是，在美国，校友之间互相帮助是一种很流行的文化。回想起过去两年和各种校友的种种接触，真的是感动爆棚。校友会和你见面或者打电话，他们愿意和你分享他们的经验，给你建议，介绍他们的 contact 给你，帮你改简历，帮你模拟面试，帮你内推等等。和校友，我们可以相对放松一些（当然不能有失专业），并且校友会经常提供一些真实的工作情况而不是像 HR 那样把他们自己的公司吹得天花乱坠。我个人的建议是，真正的见面比打电话好，俗话说见面三分情。当我还在读大二的时候，我经常坐巴士从波士顿到纽约拜访校友，因为这显示了你的诚意还有你对这个行业的渴望。所以，把握住校友这个珍贵资源，好好地把他们用起来，因为大家的共同目标都是想要让我们的母校因我们而更加骄傲。当然了，当你成功的时候也不要忘了回过头去帮助学弟学妹，只有这样，这种校友之间互相帮助的文化才能持续发展，永葆活力。

Personal anecdote：记得在大一、大二 network 的时候，校友会很耐心地讲述他们的经历，细心解答问题，还会介绍身边的同事给我认识，或者有时候还会给我个 office tour 之后介绍给 HR。我记得大三的时候，很多校友他们会主动 email 我问我有没有在找工作，是否需要内推。进了面试之后，又会主动要求帮忙 mock interview 介绍公司里的人给我。这样的例子数不胜数，校友的帮助就是这么无私！

4. LinkedIn 是你的好伙伴

LinkedIn 是一个伟大和神奇的职场社交工具。如果你在看这篇文章的时候还没有 LinkedIn，那就赶快去注册吧；如果你的 LinkedIn 拿不出手，那赶快把资料填写完整吧。LinkedIn 是当下 network 的神器，它不仅可以帮助你找到更多的校友或者你想要认识的人，而且可以让别人更加了解你。LinkedIn 还能帮助你了解行业、公司的最新资讯，更重要的是，你可以通过 LinkedIn 提前调查你要约见的对象，找到你和对方的共同点，这样你就能更好地准备 informational interview。当你想要通过 LinkedIn 加对方为好友时，我的建议是一定要个人化（customize）你的好友请求，写明你是谁，什么身份，为什么想要添加对方为好友。这样你的成功率会提高很多。

Personal anecdote：我通过 LinkedIn Alumni Search Tool 找到了很多在我的梦想公司工作的校友。LinkedIn 是我的出发点，每一次当我多加一个人，我的 network 又会瞬间扩大让我有机会连接到更多的人。而且，我觉得 LinkedIn 也是一个很好的和他人保持联络的地方，同时又能展示全方位的自己。真的是一个不可或缺的神器！

5. 面试是一个双向过程

很多时候，因为我们觉得我们是求职者，所以我们更需要这份工作或者实习。我们会试着把自己变成对方想要的样子或者去附和对方的一些观点或者观念虽然心里并不完全赞同。在我看来，求职其实是一个双向过程，公司在考察你，你也在考察它。面试时，应该抓住机会问对方问题，从而了解自己会不会喜欢这样的公司文化、工作内容、成长机会、面临的挑战、弹性度等等。饥不择食地选择了自己不太喜欢的工作可能会让自己天天在郁闷中度过。所以，有时候我们可以赌一把，也许拒绝了这个机会还有更好的在等待。当然了，就像第一点说的，要先把自己武装好才会有谈判筹码和选择余地。

Personal anecdote：面试就像谈恋爱，要双方相爱，这段感情才会长久。在去 PwC 面试之前，其实我也面试了不少公司，但是感觉都没有那么好，或者说遇到的人都没有那么喜欢。这就是所谓的 culture。和自己喜欢的人一起工作实在太重要了，因为这样你才能把你的潜能发挥出来，然后开心快乐地过好每一天。

如果大家想要知道更多关于成功求职和美国大学生活的故事，或者想了解更多具体的贴士，欢迎大家注册职图孵化器的网上课程。这是一个为期 5 周，每周一次，每次一小时的 workshop。这个 workshop 总共分成 5 个模块，内容包括 collegiate success、job search、networking、leverage LinkedIn、interview 等。我不希望这些 session 是典型的说教课程，而是和大家分享一些真实的故事、经验总结以及我曾经犯过的但是可以避免的错误。更重要的是，我希望能给大家一些可以实际操作的例子和贴士。Until then，take care everyone.

导师点评

我们都知道 network 很重要，也有很多同学问怎么才能高效的 network，其实本文作者给出了一个简单明了的答案——成为潜力股。这是一切 network 的起点。努力让自己成为某一个领域的专家，这对你的后期发展有着基石作用。

HS：商科找工作一个亘古不变的道理就是要不断去拓宽自己的人脉。当自己积累了几年工作经验以后，人脉的建立会更有效，对在校学生而言则要稍微难一些。拓宽人脉并不是机械地添加领英联系人或者派发名片，而是让自己变得更闪光，所以拓宽人脉也是一个完善自己的过程。

要自由，要创新，要“Googly”——走近 Google

虽然 Google 对每一个人而言都是如雷贯耳的名字，虽然每天都要无数次面对那个五颜六色的神奇 Logo，仿佛已经不能再熟悉了；然而提到 Google 公司，这个伟大互联网帝国的缔造者，却像是一个遥不可及的乌托邦，它那样真切地存在于每个人的生活里，甚至是茶余饭后的谈资：15 年创造的网络奇迹，斯坦福的两位传奇学生创始人，堪比最理想的”共产主义”的员工福利……然而，却没几个人见过它真实的模样。

那么请随我的脚步，在三位 Google 人——来自加州总部的程序员 Jing 和纽约 Google Wallet 的 Fang 以及 Google Ads 的 Yi 带领下，揭开这位巨人的”神秘面纱”。

初到 Google，除了群魔乱舞般的员工壁画、留言，随意靠在走廊边上的红色滑板车，乐高玩具拼出的造型各异的玩物，Google logo 标志色的大色块墙饰，以及装在大透明玻璃瓶里的各式坚果之外，随处可见的还有 Be Googly 的标语。Googly 就是 Google 人的精神，是 Google 的文化。这样一个独创性的形容词，是足以令每一个 Google 人引以为傲的。每一位员工对 Googly 的理解不尽相同，当然这三位 Google 大牛也对 Googly 有着别样的解读。

自由

在 Google，你总是很自由。”有个同事总是 10 点过来，慢悠悠地去食堂吃点东西，工作一阵子，又到午餐时间了，下午 5 点就可以下班走了。” Yi 的例子在 Google 早已不是奇事了。然而 Google 的自由，却是秩序外的自由：效率高，工作快，那么你就成了剩下时间的主人；反之，周末或者晚上加班也不是不常发生的事。有些单身的同事觉得下班了之后无聊，甚至干脆就留下来再工作会儿，或是和其他同事一起玩玩游戏，聊聊天。

Yi 在美国硕士毕业后凭借优秀的数字营销背景顺利进入了行业内数一数二的数码公司，而 Google 正是他们的客户。合作的过程中，求贤若渴的 Google 发现了 Yi 的才能，立马收入麾下，Yi 由此正式成为核心部门 Google Ads 的一员。令人吃惊的是，这个旁人眼中开发了 Android、有 Tablet、有 App 的"纯技术型"公司，超过 80%的收入都来自于广告。这也是 Google Ads 之所以为核心的原因了。

Google 的"开放"是另一层面上的自由。"当你发现了公司程序里的任何一个漏洞，都可以随时修改，Google 对自己员工的信任和开放度绝对是其他公司望尘莫及的。"这是 Jing 作为程序员，对 Google 自由的诠释。Jing 在国内名校毕业后，进入美国耶鲁大学深造。硕士毕业后，Jing 竟然被 Google 的美食吸引，拒绝了微软，义无反顾地"投入了 Google 的怀抱"。"程序员嘛，有代码写，饭好吃，同事人好，下班了可以打游戏，在哪里都一样。"这话看似朴实，却也不难感受到 Google 无时无刻渗透出的自由氛围。除了"千变万化"似乎没有尽头的饕餮大餐，Google 还有自己的 Dota 游戏联赛，获胜者可以凭借赢得的按摩点数，去公司里的按摩吧享受舒适贴心的按摩服务。"至于同事们，请自觉联想生活大爆炸里的科技怪人们。"虽说是一句玩笑话，但 Google 也是各式人才汇集的地方，虽然都独具风格，但是脖子上那个可都是高速旋转的 CPU 呢。

创新

创新已经融入 Google 人的血液，成为 Google 人性格的一部分了。为了鼓励内部人员创新，在 Google，就像一个大学一样，只要你能找到志同道合的同事，你就可以开始你自己的”创业”。Google 就像一个造梦工厂，在这样一个高手云集的地方，不仅不怕想不到，更不怕做不到。Google 还常常有一些内部的活动，比如周四的晚餐时间，会给有创业想法的 Google 人来展示自己的项目。除了这样面对面的直观活动，在私下，志同道合的伙伴们也可以通过论坛、邮件”招兵买马”、寻求好的搭档一起做项目，据说 Google Glass 就是这样来的。

然而，俗话说”术业有专攻”，这样自由组合的弊端就是需求和想法的不一致，连 Google 也无法幸免。营销和技术之间的鸿沟似乎很难逾越。不懂技术的营销人常常把一些”觉得很简单的项目”让程序员们去实现。Jing 笑称：”大学同学曾经写过一篇文章呼吁商学院的高富帅们不要再忽悠单纯善良的程序员们一起创业了，这个在我们行业里引起了不小的反响。”他认为，保持沟通渠道的顺畅是推进项目非常重要的一点。然而即使存在这样或那样的弊端，创新在 Google 依然是一种全民性的精神。很多 Google 人希望能把自己新颖的想法变成现实。

有趣的是，在纽约 Google Wallet 任职的 Fang 却对 Google 的创新持截然相反的看法。”在 Google 这样的大公司创新其实很难。CEO 非常希望能有质的飞跃的科技创新，而不是相对来说缓慢的增值式的改变。然而有大的质变就意味着要承担大的风险，这是 CEO 需要考虑的问题。”Fang 解释道：”Google 很多收入都来自于广告，公司的运作情况好坏牵涉到了太多的人。要想创新，就要花很多时间和金钱去开发，结果也没有保证。相反，如果采取稳健保守的增值式模式，把这些时间和人力用到他们固有核心模式的盈利上，对股东的利益更可观。”

Fang 加入 Google 的经历也十分具有代表性。一年前 ,Google 买下了他所在的一家发展迅速的初创公司，将其核心技术命名为 Google Wallet，Fang 即自然成了 Google 的一分子。对于这条别人都羡慕不及的顺利道路，Fang 却选择了离开，并决定受邀回国加入另一家中小型企业。”我每 3 年都会换一份工作，当我觉得在一家公司很舒服的时候，我就知道是时候换工作了。每个人都有他自己的舒适地带。有些人非常享受，不愿意改变，可以理解，但是对于我而言，不离开这个舒适区就很难进步。”Fang 淡然地表示。Google 诚然是 Fang 人生中一段活泼安逸的田园小曲儿，但走过开满鲜花的辽阔原野后，Fang 认为下海乘风破浪的时机也到了。身上的创业家人格让 Fang 任何时候都能量满满，并永远怀着一颗欣喜和激动的心开始他新一轮的”折腾人生”。

和 Fang 一样，像 Yi 这样从事数字分析的工作，Google 理应可以称为他职业生涯的至高点，因为很多的相关行业公司的存在完全是因为 Google 的 CPM，CPC 程序和功能。身上 Googly 的基因作祟，Yi 当然也不会满足于现在的生活，他希望在不久的将来可以自己试水跨国房地产的 O2O。

很感慨 Google 这样的公司 ,有敢于对员工信息开放的勇气和鼓励员工创新创业的气度，也许只有最大的自由才是创新的土壤，能让这些年轻人的梦想开花结果。无论员工在不在职，Googly 的精神都将影响着每一个 Google 人的一生。

导师点评

有人说 Google 的工作是一副金手铐。你享受着最好的福利待遇，但是自己的激情和冲劲慢慢就被消磨掉了。如果想不断进步，我们确实需要像文中 Fang 所说的，强迫自己走出舒适区，即便这里是天堂。

HS：每个公司都有自己独特的文化，谷歌博大精深的包容和创新精神一直引领着谷歌成为科技公司的领头羊。进入这样的公司是很多同学的理想，锻造自己的才能才是王道。

走近道琼斯——华尔街日报

在进入道琼斯工作之前，我和很多人都一样以为道琼斯是一家金融公司，也很难把道琼斯和华尔街日报联系在一起。直到我开始在道琼斯工作之后，才发现这里和我想象中的道琼斯有很大的不一样。

因为发行着全美销量最大的华尔街日报，还有另外一份报纸巴伦财经以及新闻网站 MarketWatch，Dow Jones 处处弥漫着新闻机构独有的紧张、严谨的气氛。当人们走进纽约总部的主新闻编辑室，就会看到一个巨大的投影屏幕和无数的小电视屏幕在放着各种头条和 breaking news ,而新闻编辑室里忙碌的人们时刻提醒着我们一个个新闻将会被报道。我有时候会特意走到新闻编辑室的楼层去感受他们这种独特的氛围，和大部分公司是非常不一样的。

尽管华尔街日报已经存在了 125 年，但是道琼斯在近几十年发生了很大的变化。除了那些新闻部门，道琼斯还存在着大量的科技部门，像我所在的数据分析组就是其中的一个。这些科技部门的文化和新闻编辑室的文化又不太一样了。因为是以大量的工程师为主，我们的工作节奏就会较像高科技公司——由不同的产品为导向组成了一个一个小组。这些科技部门的工作让华尔街日报在这个纸媒凋零的时代顺利地过渡以及转变。现在这些科技部门已经是道琼斯很重要的一个部分。

但总的来说 Dow Jones 是一个 media 公司，特别是在 2007 年被新闻集团收购之后，更是被打上了 media 公司的标签。在这里工作常常有和不同地方不同部门甚至高层一起合作的机会。我们组甚至有一次把做的项目展示给了默多克看。这比高科技公司多了一点点的 intensity，比金融公司多了一点点的 flexibility，是我在媒体公司工作最大的感受。

导师点评

企业与个人一样，不进则退。道琼斯这样的老牌公司，现在也像是半个科技公司了。但恰恰是这种与时俱进的精神，让这样的企业长盛不衰。大企业尚且如此，我们又有什么理由停止学习和进步呢？

HS：有很多传统的公司在时代大浪淘沙的过程中逐渐没落了下去，危机的另一个名字叫机遇，不管是公司还是个人，认清自己所在位置的机遇和危机，对保持自己的核心竞争力非常重要。

从 Coach 到 Urban Outfitters，走近美国时尚圈

其实最初进入时尚界有很大的偶然成分，本科学金融的我在哥伦比亚读硕士的时候一心想要进华尔街，暑假的时候突然接到猎头的电话说 Hearst 在招一个 analytics 的实习生，问我要不要去面试一下。和组里的人在电话里聊了一个小时后，我决定要去试试。

第一次走进 Hearst 纽约总部的时候，我完全被靠自然采光的大楼还有大厅里面的三层楼高的人造瀑布所震撼住了；后来老板娓娓道来 Hearst 旗下的品牌（cosmepolitan、marie claire、elle 等等），当得知连大力水手还有贝蒂娃娃都是它旗下的，我更是惊讶得下巴落地，也在心里暗暗感慨自己的幸运。

在 Hearst，我的日常工作主要是通过数据分析客户行为。但至今为止最怀念的仍是一大早看着各类美女脚蹬高跟鞋超模一样有气场地走在大厅里。那里的办公室到处散落着各种时尚杂志，还有每天中午公司楼里那令我无比想念的有机餐店和下午的美味甜点，当然楼里也时不时地会有各种化妆品的 sample sale。

短暂的七个月的实习却对我产生了极为深远的影响。研究生毕业之后，我产生了一个非常朴素的想法：一个女生应该学会怎么把自己打扮得漂漂亮亮的；如果在时尚公司里面工作，每天看着如时装模特般的同事在自己身旁晃来晃去，怎么也会被熏染一下的。就这样子我签了来自 Coach 的全职 offer。

Coach 的总部在纽约，现在的办公楼是由 1941 生产第一只 Coach 包的作坊改建的。我在 Coach 的生活，主要仍然是研究客

户行为，测试各种营销方式的有效性。Coach 的公司文化应该是典型的时尚公司文化：快节奏的工作，包装精美的同事，高档餐厅的聚餐和 happy hour，以及供我们员工茶余饭后消遣的各种各样的 drama。

另外，Coach 比较注重员工培训，除了鼓励员工参加各种技术培训课程外，还会每周在午餐时间组织 brown bag，由每个部门轮流介绍自己部门职能和日常工作，让员工更好地了解企业文化。但由于公司比较大，所以每个人的分工也比较细，每个人做的东西也相对单一，慢慢地我心里也有些疲惫。

后来来自 URBN 的猎头联系到我，跟我说在 Free People 有一个高级市场战略分析师的职位，让我去费城总部面试。公司总部也在费城郊区的河边，由曾经的造船厂改造而成，所以被废弃的军舰随处可见，甚至还有航母！参观的时候看到各种各样的狗狗互相嬉戏玩耍（因为公司允许员工带狗上班），大家也躺在外面的草地上晒着太阳，办公室也被布置得非常有生活情趣，到此我觉得生活就应当如此：每天晒晒太阳，逗逗狗，然后抽空工作一下。面试的时候，和组里的人也聊得非常投机。我回纽约后没多久就收到 offer，仔细衡量了一下，觉得公司文化还有成长空间我都比较认可，就接了 offer 来到了费城。

URBN 旗下主要有 Urban outfitters、Anthropologie 还有 Free People，每个品牌独立经营；而我去的就是规模较小发展最快的 Free People。因为公司上层比较看中数据，希望每一个决策都有理可依，所以我们组有机会和各个部门合作，我也有更多的机会更全面地看这个公司，从中也觉得有很多可以学，也有很多可以优化的东西。

我觉得自己是很幸运的，误打误撞进入了一个自己喜欢的行业，然后可以每天把自己打扮得漂漂亮亮地去上班做自己喜欢的工作。当然我也意识到这个行业拼脸只是一小部分，更多的时候是拼实力。所以下了班，我也会关注其他 retail 公司的财报和品牌故事，还有整个行业甚至行业上下游的动向，也对跨界合作越来越关注，觉得这将是未来的发展趋势。毕竟我入行甚浅，还有很长的路要走。

导师点评

年轻的我们是幸运的。只要有机会，就可以去看去尝试。也恰恰因为如此，我们才不能辜负了这段时光，不要把自己狭隘地束缚在自己知道的“行业”和“公司”中，世界是如此之大，走出去，你会发现自己更闪光！

HS：保持学习，保持尝试的态度，保持危机感，不断充电，不断认清当下形势是每一个职场人士需要做到的，否则就会面临被替代，被淘汰。青春就是我们最大的本钱，但是青春会有消失的一天。变为实力的青春，才是属于我们永远不老的脸。

番外：回国就业是另一种选择

我想许多海外留学生都和我一样，在留学和找工作的时候，最大的迷思就是毕业之后究竟是留美还是回国。

从第一天踏上美国的土地，就有来自外界和身边的声音不断地问我，你是打算留在美国还是回国呢。而这个原本很遥远的问题就在毕业逐渐临近的过程中变得越来越具体，也出现得越来越频繁。虽然有时候也会假装不在意地说不知道啊还在考虑，可是现实也让我开始不由自主地思考起了自己的未来。

由于两个选择都各有利弊，因此为了帮助自己做决定，我把留美和回国各自的优缺点都列了出来，决定哪一个选项带来的好处更多，就选哪一个。

选择留美最大的吸引力可能就是收获外界的认可吧。我知道目前大部分国人的观点还是认为留学美国毕业以后回国的学生都是属于”混得很差”的，学习不好，无法融入美国社会因此不得不回国”海带”的。如果我能够在美国找到工作并扎下根来，仿佛就能证明自己的能力，证明父母当初送我出国的心血都没有白费。

我一开始也是抱着这样的想法在憋着一口气，下决心要证明自己。可是我再冷静理智分析下去，发现回国于我，能带来的好处远远大于因为在乎别人的看法而勉强留在美国。

我给自己在美国应届毕业生求职市场中所处的位置做了一个定位。从毕业学校来说，我的母校，俄勒冈州立大学，毗邻太平洋，北接华盛顿州南临加州，排名也是不高不低，虽然在俄勒冈州是最好的学校，却并没有好到在求职的时候一招决胜。要说求职机会虽然可能会比一些在村里的学校多一些，可是却被自己的近邻华盛顿和旧金山都远远甩在了后面。其次，我学的是金融专业。可能对于国际学生来说，学习文商科在求职的时候都会有硬伤。它不像是计算机编程那样的专业，美国市场需求量很大，只要你有过硬的专业知识，走到哪里都可以找到工作。像文商科这样软知识技能多过硬技术的专业，在找工作过程中决定成败的往往是你在面试过程中给面试官留下的印象。而在这方面，国际学生往往很难和本土求职者竞争，尤其是你还需要公司在你身上投资更多，为你办理工作签证。我的看法是，美国和中国找工作其实是一样的，最重要的就是人脉，一个内部举荐的效果往往好过你盲目地投递数十封网申。如果是一开始就打定主意要留在美国的商科学生，最好在大二、大三的时候就开始积极寻找实习，建立人脉，在还没有开始面试的时候就先取得一定的印象分——笨鸟先飞嘛。而我呢，恰恰是属于动机比较微弱的那种，因此在给自己做定位的时候才发现，自己处在了青黄不接的尴尬的中接地带，有那么一点优势，却并不足以凭借这样的优势找到让人满意的工作。

说到动机微弱，确实是我最终决定回国的一大决定性因素。虽然在美国生活了很长的一段时间，但是我并不是非常喜欢美国的生活——太寂寞了，想吃点什么，找谁玩玩，都不是想去就去的，想出去玩玩就得开很长时间的车，平时走在大街上人都看不见一个，而恰巧我本人很爱热闹，也非常喜欢品尝美食，有时候课程忙碌要连着吃好几天芝士汉堡、生冷沙拉什么的，虽然已经习以为常，但还是非常痛苦。如果工作了只会更加忙碌，想到每天都只能吃这些真是头大。

当然，我也仔细分析了回国的局势，我觉得中国整个经济目前都处于上升期，机会很多，而美国的人才市场却几近饱和。我听许多前辈讲过亚裔在美国，即使工作能力再强，大多数时候还是只能止步中层，因为毕竟还是存在一个与公司主流文化共融的困难。而在国内，我除了金融学生必备的专业技能以外，过硬的英语能力也许能帮助我从许多求职者中脱颖而出，但在美国，这却属于必备技能，如果你英语不好，直接就已经出局了。随着中国在世界的崛起以及地球越来越扁平化，我逐渐觉得也许回国更能发挥自己的优势。作为一个男的，我事业心还是比较强，因此为了将来更长久的发展，我还是在毕业之后连 OPT 都没有申请，就毅然决定回国了。

刚回国的时候，家里人看我的眼神都是小心翼翼的，好像怕惹到我不高兴一样，其实我心里是很想得开的，也不为自己毕业回国找工作感到不好意思。相反地，我还因为对于自己的未来有了一个更清晰的想法，可以脚踏实地地努力而安心。因此，当在建行工作的妈妈提出要想办法把我”安排”进建设银行的时候，我没有接受。我觉得虽然我回国了，但并不代表我没有能力自己找到工作，为此还和妈妈吵过几回，希望他们能相信我的能力，他们却说既然我选择回国，就要接受国内的”游戏规则”，因为国内的银行没有门路还是很难进的。但我并未就此放弃，相反地，我开始每天不断地投简历，也许因为我的坚持，后来父母也接受了我的做法，给了我一段时间让我自己找工作。我还是决定进金融机构工作，因此将目标锁定到了一些银行和证券公司。很意外地，我不久就收到了第一个面试通知，来自花旗银行。外资银行面试的步骤也和国外很像，一共进行了三轮，先面试，然后笔试，通过之后还会有一个最终面试。我是一个很开朗的人，也比较擅长和别人交流沟通，再加上中英双语都很流利，所以和面试官的交流很顺畅，彼此都留下了很好的印象。

三轮面试过后一个星期，花旗银行就通知我上班了，我的工作是业务经理，主要的职责是吸引存款，到目前为止我已经在花旗银行工作了大半年了，一切都很顺利，我对自己的现状也很满意。

所以找工作这个事情，我觉得最重要的是明白什么是自己想要的，外界有太多声音告诉你什么是你应该选的，但如果你不确定那些是否真的适合你，就不要随大流，也别太在意别人的眼光。因为毕竟，工作是自己在做，适合自己的才是最好的。

导师点评

回国或者留在美国都是一种选择，作者在深思熟虑后做出了回国的选择，因为他清楚回国才是他想要的，很多人也做了同样的选择，却可能没有同样的清醒，那么很可能也没有同样的收获。

HS：纵观大家的故事，尽管经历不同，但总有一些相似的感受和经验，他们都感受到了炙热的竞争，都感受过找工作的不易，也都感受过初入职场的兴奋好奇等。是的，我们不得不面对职场，无法逃避那就直面挑战吧。

第二章

Career Tu 纽约团队合影

▶▶ 职业规划指导

职业生活规划指导是留学美国教育中“缺失的一角”

中国留学生如果不能适应国外生活，就会遇到文化的冲击，倍感孤独。职业生活规划指导有效帮助学生适应异国环境，帮助他们树立信心，与室友和教授有效沟通，帮助他们与优秀的美国公民建立友谊，点点滴滴融入美国社会文化，学习并理解美国企业的期望与工作技能，为未来数年职业生涯做好规划和准备。

指导内容包括

留学生活问题指导　美国企业文化学习　如何与同事互动　处理工作中的分歧
办公室注意事项　沟通的关键因素　恰当的工作着装　职业生涯规划
不同行业工作分析　就业市场最新信息

浅析简历

简历是求职以及建立人脉的敲门砖，一纸优良简历可以让你获得很多机会，然而简历上的半点疏漏都可造成无法预料的损失。人力资源或者猎头每天都会处理很多简历，简历上半点问题都会让简历的主人与潜在的机会失之交臂。所以简历无小事，简历上每个标点、每个措辞都需要认真斟酌。

相信读者们大多数都身怀绝技，有着过人且优秀的项目经历和专业技能。简历的作用则是放大这些技能和经历，使你脱颖而出。这里，笔者结合自身经验，浅谈几个简历撰写的思路和技巧。

首先，简历要以关键字为导向。关键字的意义在于，它可以帮助 HR 在短时间内注意到你的经历的闪光点，不至于被马上筛选下去。而且猎头和 HR 在数据库中搜寻匹配简历的时候很多时候都是根据一两个关键词进行搜索，快速定位到所需要的简历。简历中涵盖的与专业经历和技能匹配的关键词越多，被搜寻到的可能性就越大。同学们在一段时间后的专业学习以后，可以重新审视自己过往的经历，用更为专业的术语对以前的用词进行替换。

注意动词。笔者注意到很多同学的简历喜欢以"负责××项目（Responsible for）"开头。这个短语基本上不具备太多的信息含量，它无法具体说明从事工作的内容和手段，是协助（assist）、分析（analyze）、领导（lead）、创建（create）、发起（initiate）还是设计（design）？不仅仅关键字名词可以体现具体工作内容和成果，动词，也就是如何去实施这项工作是很不可或缺的一部分。

注意总结部分。很多同学的简历没有总结部分，然而对于很多非名校、非行业知名公司实习的同学们而言，简历开头的总结部分是使你脱颖而出的机会。很多 HR 简历都不可能从头看到尾，总结部分可以把自己最精华的技能和经历浓缩概括出来吸引眼球。总结的价值还在于，一些自己具备的能力、技能或者软件技巧无法用实习/工作经历来体现的时候，这个部分是一个很好的过渡的办法，然后再和简历配套的求职信中加以体现。

简历描述顺序。简历不一定要按照时间顺序，教育背景以及实习经历的先后顺序也不是一定的。但是大家一定要做的是，把自己最光辉的一面放在更为靠前的位置。比如是常青藤学校、知名实验室、行业领头公司项目实习经验等。如果不具备这些，则可把和申请职位/实习最为贴近，最能体现自己价值和能力的经历放在最前面。在这里，在美期间的项目经验以及实习经验应该在简历中加以着重体现。笔者在刚开始找工作的时候吃了很多苦头，自以为经历不错却一直没有面试邀请。后来我意识到问题在于美国的公司更多看重本土经验，虽然曾经实习过的公司都是全球业界顶级的公司，可惜实习地点都在国内，而且当时的经验现在看来，相关性也较弱。于是笔者尽量淡化了国内的经历，排头的经历基本都是在美国做过的项目以及实习。虽然这些公司在名气上稍有减分，但是这样的改动也使笔者获得了很多额外的机会。笔者理解很多读者也许海外经历比较匮乏，所以在这个时候校内做过的项目、参加过的比赛，不一定是实习经历，都可以写在上面。但是一定要注 course project，否则有作假的嫌疑。

建议同学们简历写好了以后要多给其他人过目，查找不足。往往自己看了太多遍，问题不容易发现。对于简历上的每一条经历，都要做到心中有数，不会出现面试中哑口无言或者需要东拉西扯来回答。当找工作出现了瓶颈，尤其是很多有把握的工作都收不到面试邀请，这时应该好好地检查一下自己的简历是不是出了问题。

为什么你的简历没有被打开

笔者所在的公司一直有实习岗位发布在职图 Careertu.com，也一直收到很多在校或者已经毕业的同学申请。在这里笔者结合自己收到过的求职邮件中出现的问题，集中总结一下，希望给广大在校生以及刚毕业需要找工作或者实习的同学们一点借鉴经验。

这里所谈到的问题，大多都跟简历本身没关系。因为你的简历压根就没被打开。

如果连简历甚至邮件都没被打开，就表示一个机会被彻底浪费。从邮件标题到内容的一点闪失都会让整个求职邮件失去意义，因为在数量庞大的申请中初步选择候选人的时候，一点小错误就足以被筛掉。花再多心血和精力改好的简历就会因为一点错误成为收件箱里一个不曾被打开过的附件。

常见错误 1：发件人姓名有误

大家千万要切记在美国求职邮箱的发件人姓名必须是英文，姓名的首字母均要大写。比如 Annie Liu，Jiaqi Feng，Tian Jiang。如果发件人姓名是中文那么这封邮件很有可能就被直接忽视。发件人姓名这一点很容易被忽略，建议大家马上用自己用来申请职位的邮箱给自己发一封邮件，看看显示的姓名是什么，如果有误则加以改进。手机客户端的设置也需要好好检查。除了用中文显示这一点错误以外，有的同学的发件人姓名显示大小写是有错误的，比如全是大写或者全是小写，又或者只有名字没有姓。这些都值得注意。如果另外取了英文名则需要和简历中保持一致。

常见错误 2：邮件标题不当

邮件的标题除了介词以外的每一个词都该开头大写。有的申请人甚至出现了一个词中的两个字母都是大写这种低级错误。高低错落的标题是毫无美感可言的。有的甚至连公司名字都没大写，这对申请的公司也是不尊重的。邮件标题的测试在数字营销中是一门重要的学问，由此可见邮件标题不容小觑。务必要保证每一个单词都没有拼写错误。而且有的申请人的标题就只有一个单词：application（申请）或者 resume（简历）。

正确做法是邮件要写明是什么职位（有 job code 就一并写上），申请人是谁：Application for Abc Position at Xyz Company – Annie Liu。

常见错误 3：称谓错误

以上两个问题都会导致邮件没有被打开。有一些邮件被打开了以后又会出现一些新的问题。比如有很多申请人会使用不当的称谓，比如在不知道对方性别的情况下就胡乱使用 Mr、Mrs，或者使用与对方头衔不当的称谓。在不清楚的情况下最好先稍做调查再撰写，或者使用简单的 Hi 作为开头。

常见错误 4：求职信

首先过长的求职信是典型错误。其次求职信写的方向要对。招人不求最好，但求最合适。比如一个活动现场的助理实习职位就没有太多必要写自己如何会编程。写清楚自己是什么状况（在读，毕业），和职位密切相关的经历（比简历描述稍微长一点即可），什么时候有时间，联系方式（电话，邮件）。

另外请大家再次检查语法错误，表达是否规范流畅。如果你忘了附上简历，基本上没有重发的必要。

常见问题 5：地理位置不匹配

很多公司在招聘实习生的时候更偏好本地申请人，并不愿意为了外地的申请人进行更多的协调（也有例外）。比如毕业季来临很多纽约以外的同学都希望找纽约的实习。最好的处理办法是在简历上写一个本地的地址。公司一般不会给这个地址发信件。

常见问题 6：申请时间过晚

大家要及时留意各类机会。很多实习都是过时不候的。有的申请人等公司招到人或者都进入下一轮了才发简历，这样的申请人也不会被纳入考虑。

常见问题 7：照片

很多邮箱都可以设置照片。如果这个邮箱是专门用来申请的，就不要用一些太随意太日常的照片，比如在 party 上或者奇装异服的照片。现在很多邮箱都是谷歌的 Gmail，会和这个 Gmail 的 Google+相连。要注意这个账号上的头像设置。

完胜简历和求职陈述信

准备一份简历是找工作的第一步，而在美国求职，每个工作职位要求不尽相同，所以要根据申请工作的职位来量身定制，不能一个模板打天下。而且要时时修改，一份好的简历可能要让很多人看了然后改至少 10 次。每个人的第一份简历初稿质量不同，不能一概而论，可以先找学校求职成功的前辈修改，根据反馈再来制定。

另一个重要的部分：cover letter（陈述信 CL）。和简历不一样，陈述信是给求职者一个机会来阐述为什么自己是一个很合适的的竞选者。CL 的特点在于，你不仅要有料可写，还得把这些料和申请职位的资历以及职责联系到一起。

比如一个职位有以下的技能（skills）和资格（qualifications）:

-Strong analytical skills

-Excellent communication skills

-Team player

那么，在写 CL 的时候，一定要把你的经历往这几点上靠。比如你做了一个销售的实习，也许你只是去挨家挨户地发放传单，但是你得写成自己去" passionately communicate with potential clients, introduce our products creatively, and explain the superiority and usefulness of our products"。你需要在 CL 说明的就是为什么你以前的这个销售的经历会让你成为合适的候选人：因为它锻炼了你的交流能力以及跟客户相处的技巧。又比如，你做了一个 club board member，可能你做的 treasure，可能你是 president，或者 VP，PR。哪个职位并都不重要，重要的是你怎么去包装你的经历，怎么去给未来雇主展示你的经历。如果用在上面这些职位要求下，你就可以说，你和其他 board member 一起策划社团活动，一起联系学校不同部门的人事，协调外聘演员或者 speaker。不管你做的什么职位，你会参与到这些事，所以这个不是捏造事实，只是不同的表达方式。这样就能体现出你是一个 team player，而且由于和不同人协调工作，也锻炼了很强的 communication skills。

不仅要把经历对准了职位的 qualification，还要有公司特性的大方向。每个公司都会有自己的 culture，有不一样的运营模式。所以这会对求职者的能力和性格有不同的要求。在写 CL 之前，一定要做好功课，搞清楚要申的公司是哪种性格，然后把自己往那个方向写。

如果你要申请的公司是国际大公司，喜欢多元文化，你可以突出你出国留学、实习或者做志愿者的经历。如果你要申请的公司是小的初创公司、喜欢有创意的员工，那么你应该在 CL 表达出自己是个有很多新想法的人。如果你发现，要是你把你的 CL 里公司的名字换成另一个公司，也能用的话，那说明这篇 CL 写得很没有针对性。那么相对的这封 CL 的实用性就会大打折扣。一篇好的 CL，是只适用于你要申请的这个公司的。相信大家都有很丰富的经历，所以不愁没有料。所以一定要找好准心，看准雇主需要什么样的人才，然后把自己包装成最合适的求职者，那么这样的 CL 一定能打动雇主而取得面试机会。

打造职场封面 LinkedIn

LinkedIn 的重要性，不同于 Facebook 和 Twitter，LinkedIn 是你展示职业能力的平台，是建立人脉必不可缺的工具之一。你暂时可以没有时间去写一份完善的简历，但 LinkedIn 却值得你花时间。常常认识了几个人，互换了名片，第二天就发现他们已经来看过你的 LinkedIn profile。接下来详细讲解：

头像，对于求职者来说，一张 professional 的照片会给你的 LinkedIn 加分。很多初学者把 LinkedIn 当 Facebook 来用，选了好看的、夸张的照片，还常常更新 status。其实一张干净整洁、面带微笑的头像，就能给招聘官留下你是个易相处、有能力的人的第一印象。

Title，在头像旁边，会有一个总的 title，很多人会写"student at×university""analyst at×company"：，这些都不是最好的选择。如果你写你做的领域或感兴趣的方向，如"data analysis，consumer insights，marketing"这些 aggregate 起来的关键字可以让 recruiter 搜索到你。没有人会去搜学生、学校和公司名，HR 都是以 job function 作为搜索关键。Title 下面有一个 section，介绍自己的 basic information，建议不要把 twitter 链接，避免在 twitter 吐槽的时候，不小心同步了 LinkedIn，于是 LinkedIn 的 connections 就都看到了。

Summary，这是给别人留下印象的关键，不是越长越好，一定要简短精炼地介绍自己的背景、经历、specialty 和求职方向。

Experience，看似直接了当的一个板块，其实暗藏玄机。很多人写 experience 的时候都 tend to repeat job function，use phrases such as" responsible for"" high performance"，" duties include" 等陈词滥调，recruiter 自己写 job description 的时候已经用烦了。重要的是要把你优秀的一面体现出来，展现你 take initiative 的工作品质，可以用" solved problems by..." " delivered..."，要体现结果，用" achievements"，" result"，而不是空洞的 job title。建议最好每个 bullet point 都用 to，比如说 " ... .to..." 来强调结果。

Specialty，这个板块换种理解方式，就是你可以 provide 的 service if you are hired。比如 integrated marketing，social media marketing etc. 这些都算，但不是一次写十几个，specialty 要精，专家要专嘛。

Recommendations，非常重要，这个也不是越多越好。最好是可以体现你的不同面，比如教授导师写一个，一起做 project 的同学写一个，实习的上司写一个。在 request recommendation 的简短 message 里，你可以提到你希望他们写哪方面，给他们一些 hint，尽量 cover different sides。如" professor××，I am wondering if you could give me a brief recommendation regarding my performance on your ×× class. Your endorsement will really help me out in my job search."" It was great to work on the same team with you for×× project，would you mind evaluating my team work skills?"

Skills，比 specialty 更细节。技能如 Excel、SPSS、VBA、BLOOMBERG、etc。现在在 LinkedIn 上可以让其他人 endorse 你的 skill 了，推荐的人数会出现在 profile 上。

Fortune 500 HR 教你完胜电话面试

很多同学一遇到电话面试就乱了方寸，电话里也难以让 HR 感觉到你的热情和性格。看看 Fortune 500 的 HR 怎么手把手教大家完胜电话面试。

1）大部分公司都会通过邮件和 candidate 约电话面试的时间，但有些公司会直接打电话给你。很多同学因为没有思想准备所以一听是 recruiter 就慌了，这种情况下你可以很礼貌地和对方说你现在有事（比如说马上就要上课了）让他留个号码，等你有空了打过去，或者约另外时间让他再打过来。Recruiter 都知道学生平时不可能 24 小时都有空，会理解这种情况。所以你不需要硬着头皮接了电话就上，一紧张又没准备反而容易表现失常。

2）一定要有 voice mail，最好是自己录的 voice message。Recruiter 打电话过来如果没有人接电话一般都会留个言，但是如果连留言信箱都没有那可能直接就把你淘汰了。不能指望每个 recruiter 都会有空特地发邮件给你。另外，voice mail 一定要设置专业。

3）看到未接来电后不要直接打回去，先看一下自己有没有 voice message。很多时候有些同学看到未接来电就去网上搜这个号码，发现是自己申请过的公司就直接打回去，但一般来电显示都是公司的前台电话。运气好的话也许前台可以帮你转到对的人，运气不好就只是白忙活，所以先做好准备。

4）很多时候如果电面中 recruiter 有停顿或者沉默一段时间，不要慌张，他可能只是在记录你刚刚的回答。

5）电话面试很重要的是你回答的内容和语气。记得语气听上去一定要对这份工作或实习抱有十分的热情和兴趣。这样会相对留下好印象。

6）看到不认识的电话，接听一定要专业，不要一来就" hey、what' s up"。虽然不知者无罪，你不知道对方是 recruiter，但是这样第一印象不会很好。

7）如果信息不是特别确定，最好还是不要说。比如说你去申请一家音乐公司，然后一直夸他们家明星怎么怎么成功，结果那个明星根本不是和这家公司签约，那将很失败。

8）有些同学可能对自己的英语不是很有自信所以打电话会结巴。其实反正都看不到对方，就把对方想象成自己很熟悉的朋友或者教授，就安慰自己说反正说糟糕了人家也不知道我长什么样子。这样可以帮自己壮胆。

9）有些公司会让你选择几个部门，这种情况下如果电话打过来问你" what' s your department preference"的时候最好是不要说" anything"。很多同学觉得这样可能会增加自己的机会，其实未必。如果是大一、大二这样回答一般是没有关系，公司理解你还年轻，还在探索。但如果是研究生，公司对你的印象可能是 not focused。

10）在挂电话之前，一定要记得谢谢 recruiter 的时间。如果刚开始没有听清楚他们的名字，可以说" sorry，I didn' t catch your name earlier. Could you please tell me your name again?"他们告诉你名字之后你们再谢谢他们，这样他们会感觉比较亲切。

Behavioral Questions 难不倒

很多同学在面试的时候容易忽略 behavioral questions 的重要性，其实对于刚刚毕业的"童鞋"们，没有太多经验，面试的 technical question 大家可能都差不多，于是 HR 会非常重视 behavioral questions。这决定了你的性格，公司的 culture fit 还有能否和同事融洽相处与共同工作。如果所有的 candidate 都没经验，又是 entry level position 的话，HR 往往会 based on behavioral questions 来做决定，反正都要从头教起，不如找个合得来的来教。

如果实在遇到不懂的 technical question，不要就放弃了，要最大化地 demonstrate learning skills，willingness to take initiatives ,还是很有机会的。博主之一在现在 Citi financial analys，当初他经历的三场面试几乎都是 behavioral questions ,唯一问了一个稍微 technical 的就是 what would you like to invest，其实也是看你的思维方式。闲话少说，现在给大家提供一个经常在美国面试里被问到的 behavioral questions list。

大家不要嫌多，其实很多都是可以用几个例子，以不变应万变。

Give an example of an occasion when you used logic to solve a problem.

Give an example of a goal you set and tell me how you achieved it.

Give an example of a goal you didn' t meet and how you handled it.

Describe a stressful situation at work and how you handled it.

Tell me about how you worked effectively under pressure.

How do you handle a challenge?

Have you been in a situation where you didn' t have enough work to do?

Have you ever made a mistake? How did you handle it?

Describe a decision you made that was unpopular and how you handled implementing it.

Did you every make a risky decision? Why? How did you handle it?

Did you ever postpone making a decision? Why?

Have you ever dealt with company policy you weren' t in agreement with? How?

Have you gone above and beyond the call of duty? If so , how?

When you worked on multiple projects how you did prioritize?

How did you handle meeting a tight deadline?

Give an example of how you set goals and achieve them.

Did you ever not meet your goals? Why?

What do you do when your schedule is interrupted? Give an example of how you handle it.

Have you had to convince a team to work on a project they weren’ t thrilled about? How did you do it?

Give an example of how you worked on team.

Have you handled a difficult situation with a co-worker? How?

What do you do if you disagree with a co-worker?

Share an example of how you were able to motivate employees or co-workers.

Do you listen? Give an example of when you did or when you didn’ t listen.

Have you handled a difficult situation with a supervisor? How?

Have you handled a difficult situation with another department? How

Have you handled a difficult situation with a client or vendor? How?

What do you do if you disagree with your boss?

最好多准备一些例子，这样问题变了，但阐述例子已经练过百遍，能很熟练地 talk about your experience 了。在回答的过程中一定记住不要说空话，such as I am a team player，而是要 tell a story to reflect，比如讲讲自己以前的 teamwork 中怎么与人合作，并成功做成那个 project，要想想 hiring managers 问这个问题背后的深意。

这里给大家介绍一个常春藤大学商学院 career services 给学生们介绍回答 behavioral question 的模式，叫：CAR（Challenge—Action—Result）。每当你在回答 behavioral questions 举例说明的时候，要说说你当时的 challenge 是什么，比如同事不合作、项目时间短等，但你怎么采取了 action，具体是什么措施，解决了问题，一定要给出 result，阐述怎么成功解决了问题。

面试红宝书

在美国，一般情况，面试分为三个阶段，第一轮有 HR（人力资源）进行电话审核，确保候选人的背景和基本技能是符合职位要求的，第二轮的电话面试有 hiring manager（招聘经理）来主导，这里需要注意一下，招聘经理并不是一个固定的职位，而是由不同部门决定的，比如亚马逊要招聘一名 marketing analyst(市场分析师)，这里的招聘经理，就是市场部的总管，一般是市场总监，招聘经理具有决策权，HR 只是辅助他们招聘。

一般流程为三步，第一轮 HR 来简单了解情况，薪资要求，审核下你有没有这个职位必备的技能。如果没有问题，就会把简历发给 hiring manger（招聘经理），让他们决定要不要进入下一轮，如果招聘经理同意，在第二轮会被安排一个电话面试，由招聘经理和同部门的同事来审核，这轮主要是技术面，看你是否有能力胜任这个工作。最后就是大家最担心、最紧张也是最期待的，on site（最终面），这一轮通常会有 3 ~ 5 位面试官，每人 45 分钟，30 分钟面试 15 分钟答疑，这些面试官会由你未来直属老板、同事，以及会协作的部门的上司和同事组成，这一轮除了经典的职位技术问题以外，他们更多是想要考察你是否会是一个好同事，简而言之，能否与你愉快地共事。

作为应聘者，尤其在需要 H1B 的激烈竞争中，每一次面试都要做详尽的准备。下面是一个面试 checklist。

1. 详细阅读职位描述，换位思考，帮招聘官想想他们想招什么样的人，进而准备自己的问题。

2. 三分钟自我介绍的诀窍，言简意赅地讲述过去经历和自己的其他背景，一定要与应聘公司、职位以及行业有很大的相关性。

3. 软技能面试可以猜题，准备事例，以不变应万变。

4. 掌控面试的节奏，不要被招聘官的连续发问震住，沉着冷静，深呼吸。

5. 诚实，再诚实，不要问了工作去展示一个不是真实的你，如果你一直保持诚实，最后这份工作还是招聘了你，你以后工作起来也会更开心。

6. 提问的艺术，要提问得有水平，展示出你对公司的了解和你的能力，之后会详细讲述。

面试经典问题解析

1. Why did you apply this position?

这里一定要淡化强调你可以从这个工作中学到什么，可以给你带来怎么样的职业发展。而是要反向思考，阐述你过去的教育和工作经历让你对这个职位的方向产生了兴趣，也正好是你的经验和能力可以胜任，可以给未来公司带来 x、y、z 的好处。

2. Walk me through your resume?

这是一个经典的开场问，面试官想要简单了解下你的情况，再进一步有针对性地发问。这个时候切记不能冗长，言简意赅地说明以下几个问题，为什么会想来面试这个职位，我有哪些相关经历，为什么对这个行业感兴趣，尽量在三分钟以内。

3. Tell me something makes you different/special from other candidates? = Why should we hire you?

为什么你要比别人更适合这个职位呢？这里其实你并不知道别人是谁，但是一定要强调自己已经有的经验以及学习领域跟这个职位的匹配度，以及你的学习能力与工作热情，并且有具体的事例来支撑。

4. Why do you want to work for us? / Why × company?

考察你对公司的了解程度，最好提前做好研究，越详细越好，比如 我在一直阅读的科技博客 TechCrunch 上看到贵公司上个月公布了新的×产品，还有 CEO 在发布会上的讲话，让我印象深刻，我自己正好在 y 行业的时候也有过拓展类似×产品的营销。这样既显示了你对公司的了解，又隐喻了你可以帮助公司得到更大的发展，一石二鸟的回答，没有模板，只有真的踏实地做好面试准备，才能细致地回答这类问题。

5. Can you tell us a little more about your experience at ××××Company?

这是传说中的”过简历”。就是对方按着你的简历，逐一叫你谈谈过去的经历。

回答的关键是让过去的经历成为你在现在申请的职位上可以迅速成功的基石。

6. What is your salary range?

提钱这种问题最伤感情了，有两种策略。

a. 想好自己的数值，可以先到薪水网站上查询下你这个职位的平均薪水和可以办 H1B 的底线，比如 marketing analyst 平均薪水是 6 万左右，办 H1B 的最低是 4.5 万，那你可以自己斟酌一下，说一个合理的数字。记得不要说 range（区间），如果你说”Iam expeting 50k ~ 75k base salary...”那 HR 就只能听到你这个区间的下线，就是 5 万，所以没有必要提出一个 range，想好一个数字就好，记得一定要对自己诚实，不要乱说。最后，一定要强调，钱不是重点，机会才是，如果有好的机会，钱都是可以商量的。”I am looking for a good opportunity, money is not really my motivator right now.”

b. 第二种策略就是，直接问 HR 他们招聘这个职位的薪资，因为每个部门决定自己 headcount（招人）的时候已经都设定好了薪资，所以如果问一下而 HR 又愿意分享的话，可以省掉很多讨论时间。" May I know your salary range you would like to offer?"

这两种策略大家可以根据自己的情况选择最优的，我自己在找第一份工作的时候比较喜欢采用第二个策略，因为我自己能力有限，不是很可以讨价还价，就问下他们的经费，可以接受的话就继续面试下去。后来换工作的时候，就会采用第一种策略，因为你已经有工作了，下一份肯定有一定的期待才会换。

以下是美国求职网站 themuse.com 总结的 31 个高频面试问题。

1. Can you tell me a little about yourself?

2. How did you hear about the position?

3. What do you know about the company?

4. Why do you want this job?

5. What are your greatest professional strengths?

6. What do you consider to be your weaknesses?

7. What is your greatest professional achievement?

8. Tell me about a challenge or conflict you' ve faced at work , and how you dealt with it.

9. Where do you see yourself in five years?

10. What' s your dream job?

11. What other companies are you interviewing with?

12. Why are you leaving your current job?

13. Why were you fired?

14. What are you looking for in a new position?

15. What type of work environment do you prefer?

16. What' s your management style?

17. What' s a time you exercised leadership?

18. What' s a time you disagreed with a decision that was made at work?

19. How would your boss and co-workers describe you?

20. Why was there a gap in your employment?

21. Can you explain why you changed career paths?

22. How do you deal with pressure or stressful situations?

23. What would your first 30，60，or 90 days look like in this role?

24. What are your salary requirements?

25. What do you like to do outside of work?

26. If you were an animal，which one would you want to be?

27. How many tennis balls can you fit into a limousine?

28. Are you planning on having children?

29. What do you think we could do better or differently?

30. Do you have any questions for us?

建议以上的问题都简单准备以下，也有可能会被问到一些奇怪的问题，以下是美国知名薪水网站 glassdoor 总结的各大公司面试问的奇葩问题，给大家开开眼界，以防万一。

1. What would you do if you were the one survivor in a plane crash? — Airbnb

2. What' s your favorite 90s jam? — Squarespace

3. If you woke up and had 2000 unread emails and could only answer 300 of them howwould you choose which ones to answer? — Dropbox

4. Who would win in a fight between Spiderman and Batman? —Stanford University

5. If you had a machine that produced $100 dollars for life what would you be willing to pay for it today? — Aksia

6. What did you have for breakfast? — Banana Republic

7. Describe the color yellow to somebody who' s blind. — Sprint Airlines

8. If you were asked to unload a 747 full of jelly beans , what would you do? — Bose

9. How many people flew out of Chicago last year? — Redbox

10. What' s your favorite Disney Princess? — Cold stone creamery

对面试官提问

面试官最后会让应聘者提问，这个是考验你的地方哦，以下是一些常见的提问。

就应聘职位发问：

Why is this position open?

Is this position a new or replacement position?

If replaced—May I know what went wrong? What are the things you would like to see changed?

If new—what are you expectations? What would your ideal candidate be like?

Can you give me detailed understanding about what my days might be like?

What particular expertise/skills do you value the most for this position?

就公司发展，对级别比较高的面试官尤其适用，他们重视全局。

What are the specific challenges you are facing?

Who is the key/primary audience?

Who are the key competitors?

What does success look like to you?

What is your vision?

How much time/budget/resources do you want to pend on ××× project/team/department?

就个人经历发问，每个人都喜欢讲自己的故事，合适的个人问题可以拉近距离。

How long have you been working here?

What made you decide to join this company?

What attracts you? What do you like of working here?

面试后的跟进

面试完成了，记得在 24 小时内一定给面试官发去一封简单的感谢信，一定要 customize 并且说明一些你印象深刻的细节，让面试官对你的记忆更加强化。

" ××, it was my pleasure to meet you and the team, I was very impressed by the creative and fast paced culture. Our conversion about x industry y product was particularly interesting and look forward to hear from you. "

附一：简历模板（由美中国际职业中心导师提供）

LI ZHANG

Home Address | **LinkedIn profile URL**

Phone Number | **Email**

EDUCATION

XX GRADUATE SCHOOL OF BUSINESS – XX University – New York, New York

Master of Science in Marketing — **June 2009**

Activities, Awards, Clubs, Scholarships

XX University

Bachelor of Arts in Visual Design (Cum Laude) — **2005-2009**

Activities, Awards, Clubs

Scholarships

EXPERIENCE

XXX – NEW YORK, NY

A global advertising agency specializing in motivating consumer loyalty

Marketing Research Analyst — **Jul 2009 – Present**

Description of your job responsibilities

- Your learning
- Your learning

XXX ADVERTISING –NEW YORK, NY

"Best Company to Work for In America" Award Receiver 2010

Market Research Intern — **Jan 2009 – May 2009**

Description of your job responsibilities

- Your learning
- Your learning

XXX – Hong Kong

LVMH (Louis Vuitton Moet Hennessy)

Design Intern, Beauty — **Summer 2006 & 2007**

Description of your job responsibilities

- Your learning
- Your learning

PROJECTS

IBM CASE COMPETITION 2ND PLACE - MARKET DEVELOPMENT CONSULTING — **March 2009 – June 2009**

Description of your job responsibilities

- Your learning
- Your learning

STARBUCKS - MARKET RESEARCH ON STORE BRAND THREAT — **Jan 2009 – March 2009**

Description of your job responsibilities

- Your learning
- Your learning

ASSETS

- Excel, SPSS, Pivot Table, Sampling, Surveys, Logistic Regression, Response Modeling, Demand Modeling, Conjoint Analysis, Test markets, Market Simulation, Market Development Research, Lift Analysis, Baseline Sales

附二：自荐信模板（由美中国际职业中心导师提供）

To whomsoever it may concern:

My name is XX and I am a second Year MBA graduate at the XX University having majored in Finance. I learnt of the latent opportunities in Risk Management (RM) at UBS (MS) through my exploration of the UBS careers webpages, ED at the company. Consequently, I want to express my aspiration to work as a "Risk Management Associate" at UBS where I am constantly presented with an array of intriguing projects ranging anywhere from risk reporting for UBS management to conducting credit risk analysis on counterparties to carrying out efficiency improvements on company protocols. I am interested in pursuing positions of such a nature and have made the case for my candidacy in the ensuing passages.

I was until recently working with XXX, a micro-cap company listed on the NYSE where I had to communicate with fund managers, economists and executives from my firm and others on an hourly basis. Time was the most precious commodity for my firm's stakeholders and consequently my communiqués had to be concise and my analyses-financial, statistical & qualitative –crisp. One of my responsibilities was to translate esoteric academic papers into recommendations composed in plain English to inform the CEO's attempts at reducing XXX's stocks illiquidity. I also spiritedly argued against a Secondary equity offering before my management as a remedy to the company's financial problems. The idea was eventually scrapped. References from my company management and board will attest to the aforementioned. I believe projects with the RM teams will entail similar natured interaction with high-level executives; my concision and argumentation has poised me meet such needs.

While at XX University I co-authored a paper on the "**XXX**". Our primary ambition was to prove the cyclicality of financial services and the non-cyclicality of the utility industry. However, when we regressed Utility returns against the S&P 500 returns, we found our intuitions about the independence of utility industry from economic vacillations to be inaccurate. My team is conducting some additional analysis in an attempt to get our paper published.

Prior to my matriculation at business school, I worked in Manufacturing at a mid-size concern in Vancouver where I honed my abilities to **a) optimize staff** – to save the proprietors labor costs - **b) negotiate** – the prices of cold-rolled steel with our suppliers and fuel cells with our clients – and **c) to manage**-the shop floor during cash & raw-material crunches. I saved my employer thousands of dollars in taxes by advising him to lease vehicles and assume more debt. Initiatives I undertook helped my company expand its core competencies from Metal to plastic machining. I think the aforementioned manifests an intellectual curiosity and resourcefulness that will serve my potential employers well.

Incidentally, I have been working towards achieving pre-eminent risk management credentials like the "FRM" and have cleared both its levels required to achieve the designation. I have also cleared the CFA L1 exam. Preparing for these exams has enhanced my financial literacy significantly. Post my appearance for the FRM and after undertaking coursework at XXX, I discovered my inclination towards risk management. My inclination is what convinces me to aggressively pursue vacancies at UBS for the flexibility they offer.

Given my background in financial analysis and the tools I have become proficient with during my term at XX University, I believe I am a particularly suitable for roles of the aforementioned description.

I would welcome the chance to discuss my qualifications with UBS's recruiters and learn more about the firm. I can be reached via email at XXX. Thank you for your consideration.

Sincerely,

XXX

第三章 美国职场文化

▶▶ 求职简历修改

世界 500 强企业用电脑筛选简历！招聘官只用6 秒钟阅读一份求职应聘简历!
如何利用这 6 秒钟将最重要的信息传达出去？

求职简历修改保证面试机会，若没有面试机会则免费重新修改简历。
专业简历团队来自多个不同行业，对各行业关键词了如指掌。
美中国际简历作家曾多次获得雅虎颁发的各种奖项。
我们的每一份简历都会经斯坦福商学院的专家过目。

美中国际资深职业规划师给学生上职业文化课程

如何融入美国的职场圈子

身边在海外求学求职的同学常会问到，怎么样才能融入美国人的职场圈子，真正地成为这个陌生国家的一部分呢？毋容置疑，能和你身边的朋友同事建立良好的关系，是你在职场中成功的必要条件。但在正式讨论这个问题之前，我认为有几个误区是值得先指出的。

第一，我要和所有人都建立和保持良好的关系。

曾经有一位同学向我抱怨说他与办公室里的一位同事总是相处不好。无论他怎么尝试接近和示好，那位同事总是对他不理不睬的。对于此事，自然，尝试理解自己做得不好的地方是应该的。但如果只是两个人看不对眼，没办法像朋友一样地交谈，大可不必烦恼。在国内工作过的同学应该知道，即便在中国，咱自己的主场，在办公室里你也总是会有亲近的、平常的，或是厌恶的同事。那么来到另外一个国家，你为什么却要强求所有人都喜欢你呢？抛开种族不谈，只要是人在一起就会有协调的，也会有矛盾的。这个是不可避免的。所以，放平心态。

第二，能一起喝酒讲笑话的才是好关系。

职场不是学校，不再是说关系好就一定要勾肩搭背，喝酒讲笑。很多同学总是说自己感觉在和同事出去 happy hour 的时候觉得无所适从，或者无话可谈。这里当然有国人性格相对内向，语言相对滞涩的原因，是可以通过锻炼提高的。但是你也要明白，首先不是所有人都在这种场合游刃有余的，包括美国人。每个人都有自己闪光的情景，如果你在酒吧里没有办法像一些人那样左右逢源，那么就承认这个事实，在这里做一个跟随者，或者参与者。另外，这种工作后的畅所欲言是基于互相的信任和了解的。在刚进入公司的时候，我同样是在 happy hour 上尴尬得无话可谈，或者对话只停留在礼貌的问候上。但之后当我在工作上小有所成，得到同事们的信任和尊重时，在之后的团队活动里，我们的对话便更随性也更深入。当然，我一直知道我不是典型的 party person，所以我安于在这种场合听从组织安排，安静地享受一番。

第三，身边那些人缘爆好、受人欢迎的同事都是天生的。

诚然，有些人天生性格外向，能言善辩，这些当然可以为职场建立好的关系打下很好的基础。但其实职场交际的很多技能都是后天习得的。如果你仔细观察那些颇受欢迎的人，就会发现他们很多细节上的闪光点。比如他们会很努力地记住你的名字，即便那是非常拗口的中文或者印度文；之后会在对话里常把你的名字挂在嘴边。仅仅如此，你已经感觉到很受用了，不是么？留意这些人的言行，你会发现他们的受欢迎不是偶然的。

综上所述，其实融入美国社会，建立良好人脉的起点是你要放平心态。遇事想一想这个放在中国还会让我烦恼，如果答案是否定的，那么请不必自扰。当然，对于我们这些背井离乡在海外打拼的年轻人来说，还是有很多方面可以留意改善从而变得更受欢迎，也在职场更顺风顺水。

第一，职场是极其功利的场所。如果你想让人对你注目，那么你一定要有价值。

两位心理学家在 20 世纪 60 年代曾经指出，权力或影响力来自五个方面：罚的能力、赏的能力、职位本身、某领域的权威以及个人魅力。其实在人际上是一样的，别人对你待见与否，基本上也可以取决于上述几个方面。在我们还没有职位，没有赏罚能力的时候，变成某领域的权威是最行之有效的。我现在的主要职责是 retention，也就是留住现有顾客、会员。在加入公司之初，我发现很多会员并没有主动取消自己的会员资格，而是因为信用卡问题被系统注销。支付这个领域似乎有很多机会但又没有人特别管理，我便钻研了这个问题，并且提出了一系列的改进措施。很快，公司里有什么支付的问题人们都会很自然地来问，我俨然成了这个领域的权威。但就是这个突破口，让我在公司立了足，也在最初让同事看到了我的价值和可交之处。

第二，赠人玫瑰，手留余香，一定要用你的价值帮助到你的同事。

人都是自私的。之所以大家围着领导转也是因为领导有能力给大伙好处。你能证明自己的价值诚然是好的，如果可以让这种价值扩大化，不但能帮助公司或者自己部门，还能帮助到其他同事，那么你便进入到了人际关系的核心。还是接用上面我这个例子。改善支付流程自然能够帮助到我们 retention 部门，但是我如果想增加自己在公司里的影响力，就不能满足于此。我们的 acquisition 部门同事们非常看重每月能拉进来多少新会员，但是会员都会有试用期。我仔细研究了他们的数据，发现试用期过后只有一半人变成真正的会员。当然有部分试用会员期间取消了，但还有很大一部分是因为支付问题没有变成会员。看准这个机会，我把自己在 retention 支付领域的经验总结改进并写成提议给了 acquisition 团队。这个提议大受欢迎并很快就获得了落实。虽然这个并不能帮助我提升自己的 KPI，但这个" go above and beyond”的举动却为我的下一步发展奠定了基础，也让我在这个所谓的圈子里有了一席之地。

第三，展现你的个人生活——你有血有肉的一面。

前两点都是工作上的建议，做来诚然不容易，但我们国人业务上通常还是很牛的，稍加指点便能有很大的提升。这第三点却是我们的软肋。有时候我们像机器人般的作风会让老外同事们觉得我们之间总是隔了一层什么似的。我也有同样的问题，所以我努力着去改变这个状况。在有前两点作支撑的基础上，我尝试同样融入他们工作以外的生活。公司组织的很多外出活动，虽然有些也不是很乐意去，但几番犹豫还是去了。记得多年前看 Donald Trump 一本书里写的一段：如果有些活动他犹豫去还是不去，选择去往往还是会带来积极的结果。我也有同样的感受。在这些活动里虽然一开始你会尴尬，无所适从，但你的参与本身就是积极的举动，就是告诉别人你也是热爱生活，追求乐趣的。这种工作内外的交流一多，你便真的会交到几个朋友。我最近搬家，还特意邀请了几个同事和他们的家人一起过来 house warming。然而到了这个层面，你已经不能强求与所有人都处得亲密无间，像上面讲的第一个误区，这时候重要的是放平心态，展现真实的自己。有些同事虽然永远没法成为你的好朋友，但他们看得到这时形象立体丰满的你。你已经成为了和他们一样的人。

第四，直抒己见，不要害怕表达自己的观点。

当你在公司中站稳脚跟，并且建立起来了初步的人际关系，那么千万不要安于现状。如果你想真正成为游戏里的一个主要玩家，那么你一定要有自己的主见并且敢于表达。当你有了基础和实力，下一步就是成为主流。我公司前段时间策划重组。这是一个非常敏感的话题，因为各方利益交错。对于这个事情，我非但和自己的老板表达了自己的看法，而且还约谈了我在其他部门的导师，甚至约了时间和公司 CMO 谈了自己的提议。当然，你表达了看法后就会有人支持有人反对，但有成绩作基础的你在此时已经是游戏中的主要玩家。玩好玩坏看自己的本事，但你已经是这个圈子的塑造者之一。

第五，Never eat alone。

这是前些时间一本很流行的书的名字。说和同事或者老板一起吃午饭是很好的改进自己人际关系的手段。当然，一起吃饭只是很多此类技巧的一种。我想强调的是要利用公司里的 informal communication 去了解更多的信息，也传达更多自己的观点。我会经常约一些同事一起休息喝咖啡，同时聊聊公司里的事情；也经常看到一些老板们一起抽个烟什么的，同时交流想法。不要小看这些非正式交流，很多事情就是这么敲定的。一个外组的老板就是通过这种方法了解到某个员工平时的懈怠和大家对其的不满，从而很快就解雇了这个员工。

总之，有人的地方就有圈子，不要被所谓的国籍、文化蒙蔽了眼睛而忽视了本质。想想自己的生活里，什么样的人你愿意交，什么样的交流方式最有效，什么话该说什么话不该说。这些规则同样应用于职场圈子。我们每个人都其实有一套自己朴素的交际观和方法论。只要我们留意这些自然的言行并善于向优秀者学习，成为公司里举足轻重的一部分只是时间问题。

炼成话题王——侃侃而谈的法宝

在美国，不管是求职者还是已经小有成就的职场人士，到名企高层，都免不了会去出席一些 happy hour、networking event 类的活动，这是一种美国的特别文化，在国内并不常见。大家端着鸡尾酒，mingle，信步互相闲聊，轻松愉快地建立职场联系。这里跟国内的交朋友不太一样，大家并不会深聊，只会简单搭讪，认识下，互相加个 LinkedIn，如果兴趣相投，之后可以约出来喝咖啡细聊。

而作为对本土文化不甚了解的我们，常常在这个时候没了话题，我总结了一些可以跟别人搭讪的话题，供大家拿来作为谈资。所有的搭讪都是从发问起一步一步了解到对方的兴趣，然后找一个共同兴趣点可以衍生出其他的更细节的谈话。比如你问对方" Have you seen the new iwatch?"，如果回答是" Oh my god，I love it，although I didn' t expect it to be very functional，but I still is planning to buy the sports one."那这个时候你就可以继续进行话题" You mean the $399 one? It' s a cool toy to have，I kinda wish it doesn' t have to always connect to the iphone though"后来甚至可以深入到性能和其他科技产品，对方会对这次愉快又详细的谈话产生印象，比泛泛而谈更有用。第二种情况是，对方可能的回答是" I didn' t see it，I use android"，那你可以巧妙地转到下一个话题的问句，继续试探对方的兴趣，" Android is cool too，I have a good friend who I always go ski together，he is a typical android guy，by the way，do you ski?"如是，话题就得以继续。知道了技巧，下面来看看我总结的话题素材吧。

科技版

- 你看了新的 iwatch 吗?不止可以问苹果的，还可以是很多其他科技炫酷产品。

- 我今天看到 TechCrunch 上报道了一个特别酷的点子……

金融版

- GoPro 大跌到了 40 块左右，你怎么看，还会反弹吗？这里可以就股市股票衍生很多问句。

- 你知道最近发生的……？此处引入华尔街日报近期报道的大事件。

八卦版

- 我看到 Taylor Swift 居然取消了她专辑在网络音乐平台的发行，你一般听谁的歌呢？

- 简直没有想到 interstellar 居然又没能选上奥斯卡，你觉得呢？

- 你去看××最近在 Madison garden 的演唱会了吗？

夏日版

- 我们要去××海滩了，简直等不及阳光沙滩了，你一般去哪个海滩呀？

- 你一般做夏日运动，像潜水、冲浪吗？

冬季版

- 滑雪啦！我去×雪场，绿道特别好，你一般去哪个呢？

- 天气真差，下周又有大雪呢，你们公司一般大雪放假吗？

假日版

- 等不及下个月去巴黎度假了，你一般去什么地方玩耍呢？

- 独立日快到了，你有什么家庭计划吗？

时尚版

- ××牌上春装了诶，可是有个×款都买不到了，你关注了吗？

- ×牌的包这个季节真丑，设计师肯定换人了，你还有别的牌子推荐吗？

爱好版

- 我业余一般去打羽毛球，你呢？

- 下城有个高尔夫俱乐部很不错，离你公司挺近的，你去过吗？

当然还有很多主题，比如居住城市、学校等，就不再一一列举了，还有一个注意事项就是，尽量不要拉着一个人聊太久，一般来到这种活动，都是为了多认识人，建立人脉。如果有人缠着你聊，也可以用一些温和的借口如" I am going to restroom，be right back”或是找到话题停顿点，直截了当地说” Well，very nice to meet you and hope to stay in touch”，有礼貌地握手，离开话题，去认识更多的人。

场景一——LinkedIn：让你的领英（LinkedIn）成为你建立人脉求职问路的敲门砖

毕业生找工作从来都是老大难，尤其是在全世界精英都想分一杯羹的纽约。就笔者亲身经历而言，用”踏破铁鞋无觅处，得来全不费工夫”来形容，就最合适不过了。”踏破铁鞋”就是网络申请，往往”得来”就是靠在人脉建立过程当中遇到的贵人相助。美国职场更加看重软人脉，恐怕一味地”踏破铁鞋”也不是至上的办法。

特别理解很多同学都对人脉的建立很迷茫，尤其是第一步不知道该怎么跨出。身边这样的的机会看似很多，如学校的学术研讨会、商业研讨会和校友会，到各类商业组织举办的活动，但是往往很难遇到真正对口的”贵人”。领英（LinkedIn）这一招聘专业社交平台的推出，让大家有了一个很简单而且快捷的办法来接触到自己真正想要认识的”贵人”。领英类似于人人网或者开心网，以真实身份为基础的社交网络，以商业客户为导向。目前中国大陆用户已经逼近千万。

还没有开始使用领英账户的同学们可能觉得不知道从哪里开始入手，已经有了领英账户的同学则会觉得发送出去的 connect request 往往都是石沉大海，或者自己的账户布满了蜘蛛网，从来没有人来拜访过。

简单快捷并不代表没有策略。领英的用途有很多，这里要介绍通过领英网找工作的几个建议。

首先，完善自己的资料。很多人不屑于花时间完善自己的资料，然而在线上的专业社交，自己的账户就像简历甚至真人一样，给对方留下至关重要的印象。连资料都不完备，很难引起他人的注意呢。领英目前有很多可以添加的选项，不仅仅是教育信息，工作经验，学过的课程，参加过的项目、比赛、出版物等等都可以作为资料填上。另外一项新功能就是可以添加自己的技能，并且他人可以用点击的方式表示对自己该项技能的认可。大家不妨可以先让熟悉自己的人来推荐一下自己。据说，技能的数量越多，认可的数量越多，别人在对某一个词条进行搜索的时候，排名靠前的可能性也越大。同时，资料越齐全，内容越多，包含的关键字也越多，更容易让猎头或者公司 HR 搜到。很多时候有公司的 recruiter 来看笔者的页面并且推荐工作机会，相信很大一部分是通过关键字搜索到笔者的。这一点对于非牛校的学生意义重大。

另外很多人忽视的一点是自己的称谓。很多人的称谓写得很笼统，比如 Student at ABC University，我建议大家可以把自己当时实习项目的头衔放上，比如：Product Analytics Intern at L' occitane，New York。如果目前没有实习项目，可以把自己写成 Master of Science in Information System Candidate at ABC University，Class in 2015。这样大家知道是什么专业，什么学位，何时获得。

头像的选择也很重要。很多同学过分谨慎，选择自己的证件照片。这样的照片人看起来了无生气，让人没有继续深入了解的兴趣。实在要选择证件照片，就选择白底的。不要选蓝底、红底或者其他颜色背景的照片。虽然是为了展示专业，恰恰相反毫无专业性可以体现。只要照片上的自己笑得自信灿烂，背景简单，穿着正装或者 business casual，都未尝不可。如果有入学时学校为自己拍摄的入学照片，是最合适不过的了。如果实在没有合适的照片，可以找专业的摄像师为自己进行拍摄。

领英相比简历一个较为优越的地方是，领英用户可以邀请别人为自己某段工作经验、教育经历写评价或者推荐。来到美国读书的各位相信都知道他人对自己的推荐在美国社会的关系网络中是非常重要的。借他人之口体现自己的优秀之处，要比自卖自夸宣传有效率得多。推荐人的选择最好不要单一，可以是教授、同学、以前的老板，从不同方面介绍推荐自己。索要推荐不要完全依赖领英的站内信，要自己亲自和对方沟通，获得对方同意以后再在领英发送申请。不要到最后一刻才去索要推荐，一般老板教授都很忙，要提前打好招呼。

当资料已经准备完善了，这时候可以开始发送申请。首先要明确一下自己要联系的人，如果是已经见过面的，可以在申请中简略写写初次见面的时间地点，然后表示自己希望可以保持联系的意愿。比如：

Hi David，

It is very nice meeting you the other day at the conference. I hope we can stay connected via LinkedIn.

Best，

Shawn

“cold connect”是我们主要要讲解的部分。毕竟大部分我们要认识的人都没有见过面，甚至隔了十万八千里。这时候邀请信息就要千锤百炼来增加通过的几率。一般而言，信息要有如下几点：

- 表明身份
- 联系目的
- 相关经验

表明身份的重要性不言而喻。当我们接到一个陌生的电话，心里很自然有这样的疑问，你是哪位？所以我们要先表明一下自己的身份。联系的目的也要说明，虽然人脉建立很普遍但是不代表毫无理由就可以随便认识随便联系。但是也不要说得过分直白，比如" I want to inquire if there is any opening"。相关经验的说明可以增加自己的可信度，以及增强对方对自己的认可。比如下面一个例子。

Hi Jeremy ,I am MS graduate in Economics in University of Chicago. I would like to connect with you getting insights about the A project in abc company. I am also impressed by your achievement in it. I have experience in ABCD. I hope we can connect. Thanks!

开头的 Hi Jeremy 可以增加通过率，因为这个感觉更像一个个人化的信息而不是 spam。介绍信息字数有限。刚刚提到的三点要以非常精炼的语言描述出来，所以信息只体现最亮点的。比如大学如果不是很知名的，就不必非要写上占字数，可以用来写自己掌握的技能，比如 data processing、business intelligence 等。

这里可以使用简称，行内人士都应该懂，也节省字数。内容不应该局限，可以根据对方调整，总之就是摆放最可能吸引对方通过的信息，比如是校友、公司 alumni、共同经历等。

申请发送以后，不代表对方一定会接受。我们修改这段信息，只是为了增加通过的可能，不代表对方一定会接受。即便对方不接受，也是很正常，很合乎情理的。

当对方通过自己的申请，我们再次打开他的页面，就可以在 contact info 一栏看到邮箱信息。这是引领我们 networking 下一步的关键信息，我们费那么大力气只是为了获得这个邮箱，这个说法虽然不完全准确，但是一点都不过分。我们获取了对方的邮箱以后，人脉建立的漫漫长路，从这一刻开始。本书后面的章节会继续讲解当和对方在领英上建立联系，如何使用邮件进行下一步的交流和沟通。

场景二——Cold Email：短小精悍的邮件单挑跨国公司 VP

之前我们谈到了如何利用领英去和一些我们想认识的人进行联系，如何更为有效地发送邀请信息，以及如何设计安排自己的个人主页等。这一次我们将谈谈当获得了对方的连接权限，也就是对方通过了申请以后，应如何进一步与对方联系，一步一步走近自己理想的职位或公司。

当对方接受了自己的申请，则可以浏览对方的联系信息，至少可以获得对方的邮箱地址。但即便是对方公开了电话或者 skype 账号（为数不多的情况），第一步的联系也最好从邮件开始，否则太过于唐突贸然，这样做的结果会适得其反。仅仅通过邮箱我们就可以了解到很多信息：如果是公司邮箱，可以通过命名模式来推测公司内其他人的邮箱地址；如果是 Gmail/Hotmail 等常用邮箱，并且是以自己的姓名（或缩写等组合）来命名邮箱，则表示这个邮箱是对方经常查看的邮箱，几率也比较大，cold email 要用心撰写；如果是随意的字母数字组合，或者是随意的名词，比如 apple_lover502@ymail.com，那么可能这个邮箱仅用作应付各种网站注册。但是真实的情况是，大多数人都会选择用自己常用的邮箱和领英进行对接。

很多时候我们在领英上添加的联系人都是陌生人，即便是我们之间有几个共同联系人（mutual connections）。我们发送出去的邮件就基本上算是 cold email。很多人都会质疑这样做的必要和意义。以笔者亲身经历而言，我发送出去的海量 cold email，经过用心的措辞和撰写最后确实为我带来了许多面试，其中包括员工规模在 5000 ~ 10 000 以上的跨国广告公司。下面笔者来详细说说自己的心得。

Cold email 回复率很低，这是事实。但是回复率再怎么低，只要能换来一个面试，一个面试就有可能引向一份理想的工作，而发送一封 cold email 所需要的成本只有少许的时间和自己的期望，这样的回报率，还是很值得大家一试。那么回复率该怎么去提高呢？有如下几个方面大家要把握。

Greeting。因为标题直接决定了对方是否打开你千辛万苦写好的 cold email。邮件的标题正文一定要先礼貌地问候对方。比如笔者发出的 cold email 标题一律都是：Greetings from Shan H，...。这可能不是最好的说法，大家可以尝试修改，但是最好不要使用求职等过分直白的标题。

Identifying。一个陌生人获知了自己的邮箱，还给自己发了邮件，这里的疑问有二：一、对方如何知道自己的联系方式？二、对方是谁？所以邮件的开头，在做了简短的问候之后，必须要马上就这两点进行回答：告知对方自己是如何获得联系方式，以及禀明身份。比如：... Thank you very much for your prompt acceptance of my connection request via LinkedIn. I am a MBA candidate of XYZ Business School... 上下文可以承接得更顺畅一些，但是这两点信息是必不可少。

Making request。是最关键也是最难以把握的一步。这里笔者就以亲身经历来谈谈。笔者曾经给三组联系人发送过不同的邮件，其中一组联系人的邮件里明确说明因为看到职位放出，想要获得内推，直接把简历一起发过去；另一组则是说明自己对公司感兴趣，并无附简历；最后一组则是只字未提职位的事情。结果是第一组确实有好几位联系人回复说已经把我的简历转递给 HR，让我耐心等候；第二组也有部分联系人让我把简历发过去；第三组则直接让我发简历，安排人帮我面试。

第一组的联系人基本上是高级分析员、部门经理这种级别；第二组联系人则是总监以上；第三组则是 VP、C-level 级别。发给第一组联系人的信基本上是一个简短版的 cover letter ,有模板，每次简单改一下标题和称谓等，海量发送；第二组和第三组会对对方所在的公司、项目做较为详细的调查，尤其是第三组会尽量挖 google 三尺获取联系人资料，并体现在邮件里。第一、二组有稳定的回复率 ,第三组本来联系人就很少 ,不过由于精心设计 cold email，基本上百发百中。

这里笔者着重谈谈和某位跨国广告公司 VP 的邮件往来。首先笔者调查了这位 VP 的背景，包括 LinkedIn 主页、公司官网简介。因为该联系目标在业界非常知名，很多行业网站上对其都有详尽介绍。邮件里我简单地说了自己对她参与过的那些客户项目、发表的某些文章很有兴趣而且很符合自己发展的意向。

接下来我大概讲了一下有关自己的故事，" a Chinese girl with multicultural experience, full of ambition and passion, explores her opportunities and career in New York City, a dream place for marketers"。声情并茂。VP 很快就回复了邮件，让我把简历发过去。过了没多久我就收到了同公司的总监发来的问候邮件以及领英邀请。这对于笔者一个当时找工作处处碰壁的菜鸟，简直是莫大的礼遇。HR 也很快安排了面试。

接下来的故事就是在焦虑中不断地等待面试，结果虽然是笔者接受了一个另外的工作机会，并且礼貌地回绝了后来的面试邀请。但是也表明在领英上建立人脉并且一步一步通过邮件往来获得工作机会是很具备可行性的。同时在此要提醒大家，如果是和大公司周旋，一定要尽早开展，大公司的程序复杂，进展会相对缓慢。

Suggestion。从笔者的故事回到怎么写 cold email 上来。最后一步则是要写明后续的安排。这里要写写自己意欲如何和对方保持联系或者进一步联系。如" I will be very appreciating if you could spend 15 minutes over the phone." " Could I suggest meeting for coffee sometimes next week at..." 笔者个人心得是，因为周一、周二都会比较忙碌，回复率肯定会更低，所以 cold email 一般是周三、周四周五发送比较好，而提议的时间一般都排在下周。或者说，不管是什么时候发送，最好都是提议下周，让对方有充裕的时间进行安排。

总而言之，cold email 不能少的元素有：greeting，identifying，making request，suggesting。希望大家可以善用领英，用领英打开职场的大门获得自己心仪公司的职位录取。

场景三——Phone Call：如何进行电话 network

电话 network 是在整个找工作 networking 中至关重要的一步。如果说一个完整的 networking 的过程是写邮件—打电话—见面喝咖啡—follow up 的话，那么电话 network 就会是直接决定你这次 networking 能不能继续走下去的一环。好多人都倒在了这个环节上——或者他们并没有意识到自己倒在了这一环——因为他们也许觉得电话 network 就像是 blind date 一样，两个人之前没见过，讲得投不投机需要看缘分，更何况连对方的表情都看不到，所以揣摩不出对方的内心或者没有下文也是正常的。其实我想说我当时也有这种想法，觉得没必要 try too hard，如果两个人真的没什么火花的话。但是现在作为过来人，也时常接到一些求 networking 的电话，发现其实在电话里赢得对方的好感也并不是那么难——优秀的人跟优秀的人总能迸发出火花的。所以没有火花只能说明：

1. 你可能没那么优秀；

2. 你可能没有把自己展示的那么优秀；

3. 电话 network 的技巧欠缺；

4. 真的没有火花……

如果你的问题是 1，那么请先努力提升自己的综合实力，多做点实习，多练习英文表达能力，多去学校的 career center 约约 appointment，向专业人士寻求一些 career 方面的 coaching。如果你很确定是 4，那么就赶快 move on，去寻找下一个 network 的目标。

这里我想要着重讲一下针对 2、3 的对策，也希望看完我这篇文章能让大家对电话 networking 更有信心。但在我讲之前，我希望大家都能弄明白电话 networking 的意义是什么，或者说，我们为什么要去电话 networking。其实这个问题很好回答，而且答案就在文章的开始——打电话的目的就是喝咖啡。我一直认为电话打得再好也比不过一杯咖啡，就如同邮件写得再好也比不过一通电话来得实在。试想，如果校友要推荐工作，他是会推荐一个只打过电话但是素昧平生的人呢，还是更愿意去推荐一个见过面的知根知底的人？不管你打电话的目的是求 refer 还是就是单纯地想要了解行业发展情况，你都要牢牢记住，电话的结尾，一定要约咖啡，而且这也是最直接的检验你电话 network 成败的方式。约，你离成功又近了一步；不约，失败。原谅我用"失败"这么直白的词汇，但我这样讲是有我的道理的。一般来说，人都不会当面拒绝一些合理的、委婉的请求。即使你的电话打得不温不火，当你在接近尾声的时候说些下面这样的话语，我想是没有谁会直接拒绝的。这也是我想要强调的一个电话 network 结束阶段"close the deal"的技巧之一。

"Thanks so much for sharing your experiences...I'd really like to have a coffee meeting with you in the near future to talk about... I understand that you must be very busy and I really appreciate your time, but do you have any time next week... I' d love to buy you coffee and learn more from you... If your schedule is tight I can even just buy you a coffee after your work and have a chat with you for just 15 minutes... "

没有人会直接拒绝这样诚恳的请求。也许对方会说他不确定时间，但是你的目的已经达到了——你已经初步征求到了对方的同意。在你的电话面试的 thank you note 中，别忘了把喝咖啡的时间重新约好。

说完结束时 close the deal（约咖啡）的技巧，也要说说一个电话开始时的技巧。这是我的一个 career coach 告诉我的，我觉得很棒也很容易被大家忽略，所以想在这里分享给大家，因为我觉得电话里的前几句话决定了你在对方心中的第一印象，而在这个"看脸"的世界第一印象有多重要就不需要我来赘述了。

想问大家，开场白说什么？自我介绍？Small talk？其实都对。但是，不管说什么，你都要在介绍完自己的名字问一下对方："Is this a good time to talk?"即使你们早已约好这个时候电话，也还是有必要问一下，表示礼貌，也表示你的细心。

讲完了开头结尾，其实中间才是最重要的。中间说得好，结尾约咖啡水到渠成。但是中间真的没有那么多技巧，更多的是看你如何展示你自己的优秀，但同时要做一个良好的倾听者，并适时展示你的 curiosity——多问有价值的问题，或者最"安全"的几个问题（daily responsibilities / career path）。打电话前做好功课，不妨去对方 LinkedIn 看一下对方做的事情，然后去研究一下行业的形式，如果能有些自己的见解就更好了。当你展示你自己的优秀的时候，尽量不要长篇大论，因为你打电话是来聆听，是来向对方学习的。但是你一定要适时地、言简意赅地，展示你做过的，跟对方做的有些许相关的事情，这样对方会觉得你不仅仅是来打电话讨教，更是一个有潜力的年轻人。说每一句话的时候，都要微笑——虽然看不到，但是你的声音是可以传递你的表情的。别忘了真诚，这个我觉得是 networking 中最重要的。

最后，我想说，电话 network 不容易，因为你看不到对方的脸，只能通过对方的语气来判断对方投入的程度。就像我们刚开始学英文的时候，打电话总比当面说英文难度系数要大。但是只要你找工作的策略不是一味地去网申，只要你想通过 networking 来加速你的职业发展，你就一定要经历电话 networking 这一关。希望这篇文章所讲的一切能对大家的电话 networking 有所帮助，也希望大家多多去尝试电话 networking 这种方式，把更多的优秀的小伙伴约出来喝咖啡！

场景四——Coffee Chat：校友喝咖啡

Networking 在美国很常见，人脉也是找工作、换工作一个非常重要的渠道。尤其是在聊过电话之后，不论是校友还是 LinkedIn 上认识的行业达人，见面的交流比电话更容易留下深刻的印象。下面假设你已经约好了×校友喝咖啡了，你在喝咖啡的时候要注意以下事项。

1. 目的明确，做好准备

在赴约之前想一想，我这次喝咖啡想问什么问题，具体希望校友对我留下什么印象，需要他推荐什么职位吗等。下一步就是最好要有充分的准备，让校友觉得没有浪费时间。

常常有很多学弟学妹来跟我喝咖啡，第一个问题是，学姐，我应该怎么找工作呢？这个问题笼统得可怕，就像在问，我应该怎么学习呢？如是，我可以反问很多问题，你想找什么工作，行业，薪水？你有什么经历呢？这样的问题，没有价值，反而会让校友觉得无奈，无法回答。还有很多同学对我的工作、公司一无所知，可能只是听说过名字。当他激动地说特别想要去我们公司×部门工作的时候，却没有去了解下这个部门是否在纽约。如果来喝咖啡，却不准备，甚至不知道自己想要的是什么，那很容易搞砸校友对你的第一印象，以后要再约咖啡就难了。

在去之前最好上网查查校友的背景和领英、现在的工作。如果有他们发表过什么文章或者书，最好提前拜读一下。喝咖啡其实也是一种休闲的面试（informational interview）。

2. 做一个好的倾听者

初次见面的时候不知道说什么，有点紧张也是正常，不如简单的自我介绍之后就对对方经历提问，把话语权交给对方。人都很喜欢谈自己做过的事，尤其是可以炫耀的谈资，什么自己年轻时候去攀岩呀，全国公路旅行，工作中的成绩，老板的表扬，即将去的新机会。假如不知道自己该说什么，不妨多聆听，问一些有意义的问题能让话题持续下去。这样不仅可以缓解自己的紧张，校友也会觉得你是一个很好的聆听者，愿意深入了解你。

3. 先做一个有趣的人

假如你已经想好了，非常想校友推荐自己公司的×职位，应该开门见山吗？其实你来喝咖啡，校友自己也是过来人，你表现得得体优秀，阐述了你的兴趣和优势，他了解到公司的机会自然会联系你，很多公司对推荐者还有现金奖励，所以校友没有理由不推荐一个优秀的人才。所以，请一定一定不要还没有建立好关系，就提出不得体的要求，让校友心里不舒服。这次咖啡，可以先让校友觉得跟你聊天是一件很愉快的事情，聊天的谈资在上一个章节话题素材中有提到，找到共同兴趣，让校友跟你的谈话意犹未尽，就很自然地可以再约吃饭或是下一次咖啡，甚至如果你们的共同兴趣是运动，比如打篮球，甚至可以约打球，这样就和校友真正又公平地开始交朋友，而不是一个陌生人请求他帮忙了，是他的朋友，那自然会更加卖力些。

4. 多给予，哪怕很少

平等，是一个关系可以继续的关键。在我们这个年龄，我们 networking 的主要目的就是多认识一些人，然后期待他们可以给我们一次实习或者面试的机会。尽管如此，我们也应该找出自身的价值，想办法给校友一些帮助。虽然不可能是等价互换，但至少是一个双赢的局面，不会让校友觉得浪费了时间和咖啡钱。你可能会想，我没什么可以给校友的，我自己还没工作呢！其实你的思想你的信息，都是可以在喝咖啡时给予校友的。你可以谈谈你近期的研究或者关注的热点，或者聊聊自己对校友公司的一些想法，如果有资源，还可以介绍一些相关朋友给校友认识等，这样让校友觉得你不只是个”一无所有”的求职者，而是一个有价值的或者可以创造价值的人。

定期给喝过咖啡后觉得还能发展的校友发一些你觉得有用的文章，分享你的现状和想法，这样他们会一直记得你，和你保持联系，如果公司有了新的招聘职位，自然就会先联系你。如果你只是喝咖啡的时候求推荐，那当时他的公司没有招人，可能校友就说没有职位，如实相告，后来有了新的机会，可是对你没有印象，就自然想不到你了。

场景五——Job Fair：玩转美国主流 Job Fair

Job Fair 也是一次面对面的很好的机会，sell 自己，找到理想的工作，有很多像 NSHMBA、ASIAN MBA、BLACK MBA，这三个是针对 master 和 MBA 同学很出名的 job fair，都是大牛公司。一个朋友就是在 NSHMBA 当场拿到 Deloitte 面试的。

还有一些专门针对亚洲人却比较少被人知道的要数 CFN 和 MIT 最近两年举办的 Asian Career Fair。两个我都亲自去过，CFN 因为举办历史久远些，出席的公司也多很多，时间在每年十月的第三个周末左右，在 Boston 有一个针对亚洲同学和 young professional career Fair。分别是针对会说日语的 CFN（Career Forum）和中文、广东话的 ABCF（Asian Bilingual Career Forum）。这是一个 invitation only 的活动，免费 register。发放完名额就没有了。所以同学们要早早地注册，早早地订机票酒店，因为那个周末 Boston 会 full of Asians。

在官网上，你可以看到招聘的公司，并可以网上 apply，finance 最顶级的公司都会去招聘亚洲 candidate 派回去 Asia Pacific，比如 Morgan Stanley、JP Morgan、UBS、Credit Suisse、Bloomberg，基本能叫出名字的金融巨头都会去。Marketing 的好公司也不少，如去年的 Apple、A&F；今年的强生、松下，千万不要被 CFN 全是日文的网站吓到，仔细阅读有些公司不要求一定会日文，Bloomberg HK，会英语和中文就行了。去年参加的几个朋友都在这 job fair 有所收获，一个去了 Bloomberg HK 做

financial analyst，一个拿了 Citigroup 纽约 summer intern，还有一个拿到了 UBS 纽约的 intern。我自己也有幸拿到了一个 fashion 公司的 management trainee 的 offer，虽然最终因为回国计划推迟了而没有接受。宣传完了 job fair 的给力，现在具体讲讲怎么 leverage 这个机会。首先要注册，request invitation，网站如下：

CFN：http://www.careerforum.net——说是要求会日语，但去了以后看到有美国人的 boutique，一定不要忘了去 network，request for interview，然后递上 resume，这些就不是去日本的，是 HK 和别的 Asia Pacific，有 100 多家公司，机会很多。

ABCF：http://asian.careerforum.net/——2011 年才兴起的，要求会英语和任何一门亚洲语言，公司比较少，只有十几家，但是相对竞争也小些。

两边只能选一边因为时间是同一天，还是隔开的不准你乱穿过去。不过可以和朋友交换入场证，两边都逛逛，make the most out of it。

两边都可以提前网申的，一定要网申，公司会提前一个星期发 interview，这样也可以提前给 recruiter 留下印象。他们也会提供一个联系的邮箱，一定要在去之前发个邮件，说说自己有多么 looking forward to it，在别人之前先入为主地留个好印象。另外在逛 job fair 时候一定要提醒他们，我之前发过邮件，我就是谁谁谁，特别高兴 meet you in person。简历可以用专门的简历牛皮纸打印，虽然是小细节，但也能留下好印象，想想他们收了几百份简历，就你的简历纸张特别好，怎么的也会记住多看几眼。

很多人说去 job fair，不用准备 cover letter，自己就是 cover letter，其实不完全对的，recruiter 那天会见几百上千个 candidate，根本记不住谁是谁，一封得体的 cover letter，能让他们 recall 对你的印象。我当时拿那个 offer，HR director 就说，我之前发了邮件，他们 expect 会在 job fair 上见到我，而且我是唯一一个交了 cover letter 的 candidate，自然印象就深刻点。其实去 job fair 的关键不是你比别人优秀多少，而是 recruiter 能记住你比别人优秀。

最后一点，名片。很多商学院都会给学生提供付费的印名片服务，没有的也不用担心，UPS 都可以。很多同学觉得麻烦或贵就算了，其实这个钱最好不要省。记得在一个 networking event 上认识了一个校友，是 international 广告公司的 CEO，聊完以后我给他发了名片，结果两年之后我毕业了，他将我的 resume forward 发给了很多我感兴趣的公司，都是他的朋友，他说，我是第一个给他发名片的学生，因为当时他觉得挺好玩，就一直记得我。当然，这两年逢年过节我一定会邮件问候。回到 job fair 这件事，我当时是把名片和简历 pin 到一起发的，也是为了可以 stand out 一点。

场景六——Office：亚马逊大牛教你玩转人脉

人脉不仅仅是 LinkedIn 上的联系人数量，更是你日常生活里和身边人关系的质量。在公司内部建立良好的人脉，获得广泛的支持不但能够让你的升职更顺利，还可以让你找到下一个闪光的机会，帮助公司也帮助你自己在事业上获得更大的发展。那么具体怎么样做才能实现这点呢？

1. 与老板保持利益一致，沟通顺畅

老板找你的目的就在于让自己的工作更省力，更顺利。做事情前一定要站在老板的位置上想一想怎么样才能做到最好。比如老板在准备一个 presentation 让你帮助找数据做 ppt。与其单纯地整理数据，不如再进一步把数据整理成很容易粘贴复制进 ppt 的形式。关键是还要适当地”邀功”，让老板知道你特意这么做是为了节约他的时间。

另外一个方面就是一定要对你的老板持积极态度。我们见过太多在公司内部嚼舌头说自己老板不好的人。这不但会让人觉得你气量狭隘没有远见，还会影响你老板的声望。覆巢之下，焉有完卵，你的老板在公司做不好，你自然也没有上升空间。下属取而代之的情况极其罕见，一般都是老板高升，你跟着发展。

当然，如果你真对老板的某些决定有意见，要有勇气和老板提出来。先从内部尝试，再找外部解决。

2. 与老板的老板建立私人关系

这点极其重要。一定要让自己在公司高层有可见度。通常大公司都会有”跳级会面”（skip level touch base）。这就是给员工机会和高层会面。有这种机制的，一定要在会前做充分准备，把自己最近做的工作和成绩总结成最简单的形式，在最短时间进行汇报。同时，准备一些自己对公司运营和问题的观察和见解。这些见解最后能不能落实是另一回事，但你要抓住这个机会展现自己。如果公司内部没有这种机制，主动要求。这个在美国很正常，也不会让人觉得很难理解。

当然，因为老板的老板和你没有直接的隶属关系，所以你也可以随性一些，花点时间分享一些个人的生活、兴趣，让他们看到你有血有肉有趣的一面。尤其对于国人，老美的刻板印象就是你像机器一般。这种非正式会面正是纠正他们印象的好机会。

3. 找寻公司其他部门大佬做导师

这里的导师和刚进公司人力资源部分配给你的 senior 不一样。你需要的是更高层的领导。这些人能够真正给你高屋建瓴的职场建议。当然，为了不影响你与老板的合作关系，这个导师要来自其他部门。比如我在 marketing 部门下，我的个人导师是来自 product management 的 VP。

这种看似很随意的导师学生关系，却能够在很多时候起到很关键的作用。公司内部领导，尤其高层互相之间都有很多的交流。他们每天的任务基本上就是在 meeting 和 talking。所以这种导师关系可以为你在后台提供很多的可见度。

那么问题就来了，怎么才能找到合适的人建立这种关系呢？两个基本方法：一是得到你的老板的支持，让老板帮你找。通常如果你能做好第一点，他也会愿意帮你。你在公司的能量越大，他的能量也就越大。二是自己去闯。你可以自己先仔细研习一下公司的组织架构，找到目标大佬，最好是你们之前已经有过交道的。一个小技巧是找当时面试过你的大佬。你进到公司这个事实起码证明他不讨厌你。之后还是要得到老板的同意。切忌不与老板通气就私下找导师。得到老板支持，就大胆去约这个大佬交谈，表达自己希望能向他学习的意愿，并且建立起一定的时间表，比如两周见一次是最合适的。

4. 与你在公司内部合作的合作伙伴们建立信任

当我们很多的注意力都放在和自己上层保持良好关系的同时，千万不要忽视和同事之间的关系。公司在提升你之前都会在和你合作的人之间做充分的调查。你的同事的意见格外重要。更何况，你在公司大部分的时间是在和无隶属关系的同事打交道。这里我要强调的是信任。你许诺的一定要兑现；也相信你的合作伙伴会兑现他们的诺言。

我一个 product partner 曾经说过她评价同事的标准："我会在脑海中设想，如果我要休假一个月，我会放心地把事情交给你做么？如果答案是 yes，证明你赢得了我的信任。"

5. 不断拓展在公司内部的人脉

在职场发展的另一个大忌就是按部就班，不去寻找新的机会，认识新的人。当公司形成一定规模的时候，内部处处都是机会。如果你能够有来自其他部门的联系，不但会对你现在的工作有很大帮助，也会让你找到新的点子和机会。比如在收集一个项目的资料时，如果你的内部人脉足够广，你要做的只是把不同人之前已经做过的调研结合起来，而不是自己再去做一遍；比如在解决一个问题时，你往往会发现其他部门已经有过解决方案或者经验供你使用。

所以从现在开始挑战自己，让自己每周都认识两三个新人。几个月后你就会变成老板眼中的 wizard。

6. 予人方便，自己方便

之前的一个老板曾经和我说，他在公司做事情用三个标准来衡量：是否对客户有好处，是否对公司有好处，还有是否对自己的同事有好处。要有意识树立自己的工作名声。你的价值不在于你怎么经营自己，而在于你怎么样能让你身边的人发展得更好。水涨船高，你给予别人的帮助和方便最终会回到自己身上。当然，如果你发自心底讨厌你的同事你的团队，你可能要考虑的不是怎么向上走，而是这个是你真正想要的工作么。

怎样和公司谈 H1B 申请问题

作为一个还在 OPT 上的实习生，你最关心的问题也许就是怎么样能顺利申请到工作签证（H1B）从而完成身份上的转变。对于很多人来讲，这也是申请绿卡或者入籍的第一步。在近年来 H1B 签证需大于供的环境下，确保公司及时帮你申请就格外重要了。那么什么时间，怎么样和你的公司谈 H1B 申请呢？

首先你需要了解客观的政策和时间线。美国政府每年给予特殊技能人才（H1B）的签证有 8.5 万个，其中 2 万个留与高等学位（硕士及以上）取得者，另外的 6.5 万给本科毕业生或者超过 2 万额度的高等学位毕业生。每年 4 月 1 号，uscis 开始正式受理当财政年度的 H1B 配额。美国政府的财年从 10 月 1 号开始，这也是当年 H1B 生效的日期。法律上规定申请者可以提前 6 个月开始申请，也就是最早不超过 4 月 1 号。之前你也可以寄送申请材料，只是 uscis 不会开始审阅。只要申请者的数量还没有超过这个配额，uscis 就会一直接受申请。金融危机后的两年工作市场很差，所以 h1b 申请也很少。2009、2010 年的时候一直到年底甚至第二年初这个配额都没有用完，所以学生们只要找到工作随时可以申请 H1B。之后随着美国经济回暖，工作机会增加，这个配额被用掉得越来越快。从 2013 年开始，4 月 1 号之前的申请者已经超过了 8.5 万的配额。为了公平，美国政府又开始发大招，也就是抽签机制。凡是在 4 月第 5 个工作日之前收到的申请被统一放在一个库中进行随机的电脑抽签。先从所有的硕博生中抽取 2 万人，没抽到的和本科生放在一起再抽 6.5 万出来。没有中签的同学即便有公司的支持也没办法拿到本年的 H1B，只能找其他的出路。

这个趋势在未来的几年内很难被扭转，所以 4 月的第一周就客观上成为了递交 H1B 申请的大限。通常情况下帮你办 H1B 的律师需要一个月左右的时间准备材料（也有快的，但是这个是比较保险的），也就是说你要和公司谈好，尽量在 3 月之前就开始这个申请的流程。

明白了客观上的时间线，下一步就是主观上和公司经理的沟通策略了。总的来说，共有四个核心的建议。

1. 确保在谈话前你已经展现出了自己对于公司和团队的贡献

无论公司大小，只要是有营收，有基本建置都可以为你申请 H1B。关键问题是你得给公司一个理由留你。要知道，为了办这个工作签证，公司需要花钱出力担风险。如果你是管理者你也会权衡一下。和经理谈 H1B 就是一场谈判，你要有足够的筹码。你在公司的主要职责是什么？你为公司创造了什么？你的经理知道你的贡献吗？你有展现出你不断成长的能力和热情吗？越早问自己这些问题，越早能够得到答案越好。不用担心自己的实习时间不够长，美国标准的夏季实习也就是 8 到 10 周。你完全可以用这个时间完成对自己的定位，展现出你对公司的贡献。

如果你确实对于这些问题感到非常疑惑，那么你和经理的第一个谈话应该围绕着这些问题，而不是 H1B。

2. 确保你自己已经对于 H1B 申请有比较清楚的了解

这个对于中小型公司尤其重要。大公司都有比较成规模的人力资源和法律团队，但是中小型公司可能并没有特别多的经验。对于未知的事物，人们普遍比较抵触。如果你对于这个申请的要求和流程胸有成竹，那么在和你的经理或者人力部门谈这个问题的时候你就能解释他们的疑惑，提供帮助，从而让他们更有信心去做这个。

3. 在公司内部寻找你的支持者

诚然你的经理握有最终决定权，但是公司同事或者其他部门高层对于你的支持会很大程度上影响到你经理的决定。在你的实习期，一定要勇于走出自己的小组，多和不同的合作伙伴打交道，寻找机会获得帮助。你的这些同事或者其他组的领导因为和你没有直接的上下属关系，所以更能与你交心。你要把握住机会积极地表达你想留在公司、帮助公司的意愿。这些看似无关紧要的细节会在关键时刻起到意想不到的作用。

4. 给自己一些时间上的缓冲期

如果你从夏天毕业后就已经在一个公司实习，也表现良好，年底圣诞节前就可以和经理谈这个事情了。这个不但可以让公司能尽早准备，也给你自己留出了一定的时间应对意外情况。如果公司无法帮你申请 H1B，从年底开始你就要重新申请工作，冲击 H1B。

申请 H1B 只是你职业生涯起步的一个小挑战。不必过分担心，没有挑战也就没有进步。这个过程中最重要的是要树立规划的意识，找准自己的地位和积极交流。所有的这些技巧都会在你之后的职业生涯里为你带来不断的提升。

H1B 没抽中怎么办

大部分在美留学的外籍学生的理想之一则是在毕业以后可以留在美国合法地工作，融入美国社会，开展自己一段崭新而又充满挑战的惊险人生。然而随着美国经济的逐年增长和劳工市场回暖，越来越多的国际学生获得心仪公司的录取，但是美国工作签证名额并没有相应地增加，使得本来就艰难的留美工作这条路变得更加险象环生。

H1B 是否需要抽签取决于收到的 H1B 申请数量以及配额数。如果移民局收到的 H1B 申请数量未达到配额数则遵循先到先得的原则。但是自 2013 年起，工作签证的申请数量就开始超过本身的配额，2013 和 2014 财政年度 H1B 申请在四月份第一周申请数量就已经大大超过了配额。预测 2015 财政年度的抽签程序也势在必行。

并不是所有签证种类都必须面临抽签。对于中国学生而言以下 H1B 申请可以免于抽签：

- 政府或非营利性机构提交的申请；

- 高等教育机构、大学或者相关联系紧密的附属机构提交的申请。

同时，持有有效 H1B 签证的人转换工作的时候提交的 H1B 申请不受时间，名额的限制。

大部分的 H1B 申请受益人都是学校毕业具备临时工作许可（OPT）的学生。临时工作许可（OPT）根据其在校所学专业而时限有所不同。文商科学生的 OPT 时限是 12 个月，而理工科专业则可延长至 29 个月，根据 OPT 开始的时间可以参与多次于每年四月份开始的 H1B 申请。文商科则至多可以参加一次。换言之抽签这一事实让文商科学生的前景具有了更多不确定性。

在移民局停止接受新的 H1B 申请以后，抽签程序启动。现有的六万五千名配额中有两万名专属硕士以及更高学历拥有者，硕士以及更高学历的申请人将首轮在两万名额中抽取，没有被抽中者随着其余申请人在剩余的名额中再次进行抽取。故高学位拥有者抽中的几率更大，本科学历申请人情况比较险峻。整个抽签程序结束以后，移民局将会为抽中的申请发送受理收据，提取申请费。没有抽中的申请则会被原封退回。

那么是不是表示抽中就万事大吉了呢？非也。抽中仅代表该申请有资格进入审核阶段。H1B 签证的审核过程也是十分严格的，会从申请人资历、公司情况、职位状况等多方面进行考察，如果移民局对 H1B 的必要性、真实性进行怀疑，都会要求申请人继续提交相关证明材料（request for evidence）。移民局若认为 H1B 不符合标准或者质疑其真实性、必要性，拒绝通过 H1B 也是常有的事。如果 H1B 被拒签，学生身份或者现有合法身份一旦失效，必须在宽限期（grace period）内离境，否则后果严重。

那么，如果 H1B 真的没有被抽中，该怎么办？

首先，考虑一下自己是否真的有必要留在美国，为自己长远进行考虑。以下提到的办法的前提都是以个人或者家庭可以为自己负担在下一轮 H1B 申请甚至生效前必须的生活费用以及必要的学费。这是一笔不小的开支。另外考虑到的一点是有很多国家地区工作签证的申请并不如美国一样严格，可以考虑去这些国家工作，日后辗转回美国。如果要留在美国，则要安排好自己的签证身份衔接，一旦出现空档后果是很严重的。

办法之一，就是重返校园，攻读一个额外的学位。一个额外的学位可以让申请人在职场更具备竞争力。本科的学生继续就读硕士，则可以额外获得硕士毕业后享有的 OPT。而已有硕士学位人士获取另一个硕士学位则不享有。所以在时间上需要稍加安排，最好是在硕士毕业前拿到工作并与雇主谈妥工作签证申请事宜，等到秋季毕业以后在 H1B 工作签证生效后可以马上开始工作。可以在硕士期间积极寻找校外实习并争取转正。实习期间需要向学校申请 CPT（另一种工作许可）。

这里插播一下 CPT 的信息，帮助大家更好地了解。

很多留美的同学也许都不太清楚 CPT 的存在，也不是很理解它的意义。简单来说，CPT 和 OPT 的共同之处在于可以让同学们在一定期限内并满足一定条件下可以在美合法地工作并且取得收入。

CPT 的全称是 Curricular Practical Training。不同于 OPT，CPT 是学生课程期间可以申请的，而 OPT 是课程结束毕业以后申请；OPT 需要向 USCIS 也就是移民局申请，由移民局负责审核；而对于 CPT，学校则有很大的自主权。CPT 分为两种，full time CPT 以及 part time CPT。前者允许每周工作 40 小时或以上，后者的工作时长要保持在 20 小时以内。

如果同学们在校期间找到了校外的带薪实习，这时要立即和所在学校报告以及申请 CPT。通常学校需要几个工作日审核 CPT 申请以及处理 i20 表格（i20 的尾页需要更新工作许可说明），所以要及早向学校申请和报备。

当 CPT 审核通过，同学们可以带着更新后的 i20 表格以及自己的护照等 ID 向雇主报道，然后由雇主和同学本人共同填写 w2 等表格，这样就可以每月按时领取 paycheck。

很多学校为了保证学生的课业情况，对 CPT 申请很严格，很多时候并不允许申请 CPT，或者课程期间不允许申请 CPT，又或者只能申请 part time 的 CPT。不过刚刚提到过 CPT 还是和学校挂钩的，同学们在课程期间如果真的拿到了很不错的工作或者实习机会，不妨和 counselor 商量一下，毕竟对毕业以后找工作是很有好处的。假期期间一般都可以申请到 full time 的 CPT。

对于没有工资的实习，原则上志愿者工作不需要申请 CPT，但很多学校还是鼓励申请 CPT。如果是带薪的岗位则一定要申请 CPT。

最后一点要注意的是，full time CPT 用满 12 个月，毕业以后则不符合申请 OPT 的要求。同学们如果在课程期间使用了 full time CPT，则一定要注意时间安排。

回到 H1B 没抽中的假设，在这里要提醒广大学生不要贪图学费便宜等入读不知名的技术学校，很多次类学校并不具备颁发学生身份 F1。目前美国政府加大对此类学校的打击力度，很多学生或因此突然失去合法身份被迫离境。

办法之二，就是有配偶的同学可以转为配偶身份，入 F-2、H-4 等。需要提醒大家一点的是大多数配偶身份不具备工作许可，工作前需要查清楚自己是否可以合法工作。配偶身份签证的工作许可受多方限制。

办法之三，在合法居留期内寻找不受配额限制的 H1B 单位，比如政府部门、科研机构、教育机构等。

办法之四，可以申请投资移民获得投资移民绿卡。绿卡是具备工作许可的签证类型。投资移民签证的申请也较为复杂，对资金下限要求也较高。

截至笔者发稿前，2015 财政年度的 H1B 申请已箭在弦上。

H1B 签证材料全解析

10 月 1 日是一年一度的 H1B 生效日，第一种选择，可以在生效日前几天回国，在生效日后去当地美国领事馆签 H1B 签证，然后再持有签证印章的护照回到美国，护照上有了 H1B 签证，出国旅游也方便。第二种选择，比较适合短期内不会离开美国去其他国家的人，可以选择在美国生效，这样不用离开美国，可以继续工作到 H1B 身份转换，唯一需要注意的是，你一旦离开美国，不论是回国还是出国旅游，都要按第一种办法去领馆签发 H1B 签证，然后才可重新入境美国。

大家有时候会误解 H1B 生效日要回国去才能转换身份，其实当你 H1B 通过了收到了确认单的时候，应届生都是有 Gap Cap OPT 即 OPT 自动延长到 H1B 生效日。这样的话，你不用回国也可以留在美国继续工作，直到你想回国的时候，再次入境就要签一个 H1B 才行。

H1B 回国签证所要求的材料如下。

一、核心材料：

DS-160 确认页——打印出来随身携带；

签证预约单——打印出来随身携带；

I-797（H1B 原件）；

I-129 复印件；

护照；

签证照片1张——必须是过去12月内照的；

雇佣证明（OFFER LETTER）；

个人简历（大使馆主页有模板）。

二、补充材料（不一定会看，但是总是有备无患）：

教育证明（学位，成绩单）；

社安卡SSN；

驾照；

公司的员工卡；

所有I-20和OPT的EAD卡；

最近6个月的工资单；

银行流水单（证明你现在的住址）。

三、具体签证流程：

1. 在线填写DS160；

2. 用 DS160 确认号去线上预约时间；

3. 中信自动取款机缴纳签证费；

4. 准备面签材料。

四、主要的面试问题

1. 你的从事的什么工作；

2. 介绍一下你的公司；

3. 请详细介绍下你的所学专业；

总的来说，H1B 签证比较轻松，拒签率也很低。

第四章

OPT-CPT-H1B
留学生身份详解

美中国际总裁王寅先生关于『在美成功就业』的讲座

▶▶ 求职面试指导

好学历≠好工作　寄出上百份简历，却在面试中功亏一篑？

有效的面试技巧是关键。

学生将掌握如何进行有效沟通，展现自己，说服面试官，在面试中赢得工作。

华尔街日报的研究表明，只有善于使用眼神交流和身体姿势语言的应聘者才能在面试中取胜。

课程内容

全面讲解面试原理：帮助你像面试官一样思考

面试官可能问到的问题：助你自然流畅地回答

模拟面试：实战演练

学生能力评估：授人以渔

OPT 介绍

Optional Practical Training（OPT）

这是多数想在美国求职的同学必须申请的，除非你可以直接找到 H1B 或拿到身份。

外国留学生（持 F-1 签证的学生）可以利用 OPT 机会获得宝贵的美国工作经验，在 OPT 期间努力工作让雇主同意为你申请当年或次年的 H1B，或者以积累的美国实习工作经验来通过面试获取可以申请 H1B 的 offer。

What is OPT

OPT 是美国政府给予中国学生 12 个月在校外工作的许可。理工科的学生 OPT 时间有适当的延长。每个学生一般要完成一个学年的 full time 学习（不包括 summer school）后，才有资格申请 OPT。OPT 分为 full time OPT 和 part-time OPT。如果申请的是 part-time OPT，那么每礼拜工作时间不能超过 20 小时，每礼拜 ≤ 20 小时的都以 20 小时计算且累计到 OPT 的耗时上。比如说，我申请的是秋季 8 月 15 到 12 月 15 的 part-time OPT，等实习结束后，OPT 会被扣掉 2 个月。OPT 的申请费是$380。在填表时，主要要注意两项。1. 要填上 OPT 的起止时间 2. 还有是 full time 还是 part time。比较有趣的是，在没有拿到工作 offer 的情况下，也可以申请 OPT。但是以上这两项照样要填。也就是说，如果你在 OPT 计时的这段时间，如果不能顺利找到工作，时间会按起止时间及 OPT 类型（full time or part time）扣除。OPT 申请成功的话，会拿到 Employment Authorization Document Card（EAD card）。这张卡是校外合法劳动所需的重要文件之一。

谁可以申请 OPT

凡是持有 F-1 签证的国际学生都可以申请。同一档次的学位只有一次为期一年的 OPT 机会。举个例子，如果你在美国拿了一个学士学位，你就有一年 OPT。如果你接下来又拿了一个硕士学位，那你又有一年 OPT。但你如果学士毕业直接读硕士，学士的 OPT 就自动失效了。如果读完一个硕士，申请了一次 OPT 以后，再读另一个硕士，则没有 OPT 的申请机会。

什么时候申请

毕业前 90 天可以开始申请，最晚不能晚于毕业后 60 天。OPT 的开始时间也是一门学问，有些同学就因为 OPT 开始时间填写晚了，不能参加公司培训而错过 offer，所以最好估计一下时间，不要以为毕业后 60 天的最后一天才申请就是最好的。

是不是什么工作都能申请 OPT

不是。OPT 的工作内容必须和你的学业有关。

哪些领域的学生有 29 个月的 OPT

如果你的专业在以下领域，即 STEM 专业（STEM 是 Science，Technology，Engineering，Mathematics 的缩写），你的 OPT 时间就是 29 个月：精算、计算机科学、工程、工程技术、生物、生物医学、数学、统计、军事技术、医学、自然科学等；但不是自动就有 29 个月，要先找到工作，然后公司符合延长你 OPT 的要求，你才可以申请延长。但是！STEM 小伙伴们拿到的第一张 EAD 依然是 12 个月的，要想延期需要小伙伴找到工作且必须是有资格替你办理 extension 的 E-verify 的公司。E-verify 公司详情看 USCIS 官网链接 http://www.uscis.gov/e-verify。STEM 专业虽说只有四个词但是却包含了超过 400 种不同领域的专业学习。不确定自己专业是不是 STEM？没关系，拿出自己 I20 找到第三页 Primary Major 号码然后比对这里的列表 http://www.ice.gov/sites/default/files/documents/Document/2014/ stem-list.pdf，如果你找到了自己的专业，恭喜你可以获得延期至 29 个月的资格哦！

申请 OPT 通常需要哪些材料

1. $380

申请费一口价没得商量，无论何种情况不退不换一锤子买卖，且只接受支票付款。支票上收款人是 USCIS。

2. 两张标准护照规格照片

我建议这笔钱不要省，还是去沃尔玛或 Walgreen 等地方找专业证件照服务人员，免得自己剪裁出了差错被 USCIS 退回申请补交材料得不偿失。此外需要注意的是。USCIS 要求照片必须是新鲜出炉在 6 个月内的本人照片。如果你驻颜有术，建议拍照时不要跟护照或签证以及其他证件照片穿一样的衣服有一样的发型。

3. 所有 I20 的复印件

不管你留美多久，之前有多少 I20 已经过期，最好把全部文件复印下来一起上交。有的小伙伴可能因常年颠沛流离导致过期文件找不到了，不要着急，马上联系之前 I20 所对应的学校，国际学生办公室有责任保管学生所有 I20 的复印件。我强烈建议保管好自己 I20，就算是过期了也不要随手丢掉。

4. 护照以及签证复印件

对于有好几页签证页的小伙伴，建议都打印出来。因为我注意到有学校要求打印所有过往签证，有的只要求打印最新签证。总之有备无患。

5. I94 正反两面复印件

通常 I94 会夹在签证页，非常醒目的一张小纸片有入境信息。对于今年实施电子 I94 的小伙伴，按照当时申请 I94 的网站按照要求操作打印。

6. I765 表

一般情况该表格会由学校国际学生办公室提供并附有说明指示如何填写。如果没有可以到 USCIS 官网下载以及查看说明，地址 http://www.uscis.gov/i-765。

注意：还有一些表格需要小伙伴亲自找所在学校确认，因为并不是大家都一样，比如 I538 表格。此外各学校还会按照不同要求需要导师、任课老师，以及研究生院填写相关表格证明学生在校学习情况等。

7. EAD 卡复印件

这项不适用所有人，只适用于之前申请过 OPT 或 CPT 且持有相应 EAD 卡的同学。

在准备好以上文件后，申请者需要邮寄给美国移民局。需要注意的是，由于美国移民局在全美有多个移民中心，每个中心负责接收相应州的 OPT 申请材料。所以，请申请者注意自己所在州对应的移民中心。比如，如果留学生在 I765 上填写的地址在纽约、新泽西、康州或宾夕法尼亚，那么请将申请文件邮寄至德克萨斯移民中心。并且，根据移民局的规定，选择不同方式邮寄，比如 UPS 和联邦快递，移民局的接收地址也不同。所以，无论是申请者自己邮寄材料，还是由学校帮助邮寄材料，一定要事先确定正确的邮寄地址。

关于 Expedited Request

一般用人单位在告知你被录用后的 2 个礼拜后就希望你能开始工作。在安抚用人单位的情况下，大部分同学会要 OPT 申请加急处理。一般在两种情况下，可以要求 Expedited Request，而且是通过间接要求 Office of International Education/Student(OIE)提出申请。第一种情况：当所有材料都准备完毕后或即将准备完毕，应该跟 OIE 预约，要求对方检查文件是否齐全，然后在学生 SEVIS 页面上做改动。在 OIE 工作人员帮助密封所有材料前，可以向他提出加速请求。他会在某份文件中写上" please expedite the application" 字样。第二种情况：当你拿到 USCIS 寄来的表明申请材料已收到的确认函后，你可以扫描这份确认函，然后附上用人单位的 offer，发送给 OIE，提出第二次加速申请的请求。Expedited Request 不一定会被满足，但是被考虑的可能性还是存在的。用人单位要求开始工作的时间越早，对申请加速越有利。

除此之外，申请人还需注意，一般从移民局接收到申请材料到审理完成最长不超过 90 天。如果超过 90 天，申请者还未收到移民局的批准通知和 EAD 卡，也没有收到任何补件通知，申请者务必提高警惕，最好咨询移民律师，联系相关移民服务中心，申请加急处理，或者申请临时过渡期的 EAD 卡，以免因为申请过程中的疏漏而造成必须离境的危险。

特别提醒，无论申请者在申请之初填写的工作开始日期是哪年哪月，都要等拿到正式 EAD 才能开始工作。如果发现 EAD 卡上的起始时间与 I20 上的起始时间不同，请马上咨询移民律师，联系移民局，提交修改申请。

关于申请材料中有一表格要求填写申请的相关职位，我建议在专业范围内往大了写。因为 OPT 毕竟是要跟申请人专业划等号的，不能说学会计的找设计类工作，即使找到了也会在 OPT 或 H1B 审查的时候出问题。我建议，比如 Bachelor of Business Administration concentrated in Finance ,在此可以填写 Business Administration 即可，不用突出 finance 以免日后凭此学位找到会计或管理类工作因为与 finance 不符而出问题。

最后，学习 HR 相关专业小伙伴可能知道，劳工署认定超过 90 天没有工作即为 unemployment 状态。所以小伙伴们所在学校会要求跟进学生找工作状态，头三个月内汇报并登记学生当前住址、联系方式以及工作情况。虽然即使超过 90 天没有找到工作并没有明确会取消 OPT。但是我还是强烈建议大家努力找工作进行 OPT 合法挂靠，哪怕是没有工资的实习也算数。

CPT 介绍

Curricular Practical Training（课程实习训练）

分为 part time 和 full time 两种。在你没毕业的时候申请，CPT 总共为 12 个月，超过 12 个月就会取消 OPT。学校某门课程是需要通过几个月的 CPT 实习后得到相应的学分。申请 CPT 需要得到导师的批准，而且得找与你所学的专业相关的工作 offer，请学校批准 CPT 并帮你更新 I20。

CPT 要点

1. 课程实习训练是指与正式课业密不可分的建教合作课程（work/study program）、见习（internship）或实习课。课程实习通常需在入学一年后才能提出申请，但研究所学生如因课业需要，必需立即参与实习，则不在此限。

2. 外国学生申请课程实习训练，也一律利用 SEVIS 系统作业，经学校 DSO 核准后，把含有业已核准字样及核准日期的 I20 印出，签字后交给学生，由学生交给雇主，才可开始工作。之前规定申请许可须递送 I538 表格及七十元收费均予取消。

3. 如果同学们在校期间找到了校外的带薪实习，这时要立即和所在学校报告以及申请 CPT。通常学校需要几个工作日审核 CPT 申请以及处理 I20 表格（I20 的尾页需要更新工作许可说明），所以要及早向学校申请和报备。

4. 当 CPT 审核通过，同学们可以带着更新后的 I20 表格以及自己的护照等 ID 向雇主报道，然后由雇主和同学本人共同填写 w2 等表格，这样就可以每月按时领取 paycheck。

5. 很多学校为了保证学生的课业情况，对 CPT 申请很严格，很多时候并不允许申请 CPT，或者课程期间不允许申请 CPT，又或者只能申请 part time 的 CPT。不过刚刚提到过 CPT 还是和学校挂钩的，同学们在课程期间如果真的拿到了很不错的工作或者实习机会，不妨和 counselor 商量一下，毕竟对毕业以后找工作是很有好处的。假期期间一般都可以申请到 full time 的 CPT。

6. 对于没有工资的实习，原则上志愿者工作不需要申请 CPT，但很多学校还是鼓励申请 CPT。如果是带薪的岗位则一定要申请 CPT。

CPT 和 OPT 的区别

在美国留学，无论哪个层次的学位，无论是本科、硕士还是博士，都可以申请 CPT（Curricular Practical Training）和 OPT（Optional Practical Training）。二者统统叫成"实习许可"，也就是说美国政府允许学生跟移民局申请许可，批准后，找公司做实习。

二者的区别是，CPT 是给学习期间用的，OPT 是给毕业前后用的。此外，CPT 的时间长度可以接近一年，但是不能用满一年；相比之下，申请 OPT 在前几年可以有一整年，现在一般只有 3 个月，一般来说读 Master 的 OPT 的时间为一年。学生可以在假期中或者学年中从事 OPT 实习，或者留在毕业後进行。如果在学期间从事 OPT 实习，每周工作时数不得超过 20 小时。如果是毕业后的 OPT 实习，必须在毕业后的 14 个月内开始。原本在申请 OPT 方面严格规定一人只有申请一次的机会，之后才放宽为不同各阶学位各允许申请一次 OPT。如果同一层次的学位你读了多个，比如说读了好几个硕士学位，那么一年的时间长度，指的是所有的硕士学位加在一起总共一年，而不是每个硕士都有一年。

另外，也可以在在学期间申请 CPT（循环式实习 Circular Practical Training）。提供实习的雇主限于与学校之间有建教合作协定的企业或非营利组织。参加这类实习的外国学生，因此还可取得部分学分。一般来说 CPT 的定义是所谓在学时的"work/study，Internship，cooperative education，或是课程中要求的训练与实习"。

两者的关系是，OPT 则所要求的是必须与申请人所学有直接关系的实习。现在的问题是 CPT 是可以 part-time 及 full-time 两种，而且只要 CPT 用了届满一年，就不能再申请 OPT。美国移民局表示所谓的 part-time 是一星期工作 20 小时以内，只要超过这个时数，即便是一个星期只工作 21 个小时便算是 full-time。对于以后将要毕业的学生会有很大的影响。所以在校时要慎用自己的 CPT，以免将来 OPT 可能申请不到或是有效时期不满一年。

2008 年 4 月，美国移民局宣布，允许符合条件的外国学生申请 OPT 延期，时间为 17 个月。但两个前提条件是，持 F1 签证的外国学生必须在美国获得科学、技术、工程和数学等方面的学位；而且，雇主必须加入 E-Verify 系统。

最近，在回答全美移民律师协会（AILA）提出有关 E-Verify 的问题时，移民局表示，申请 CPT 的学生，其雇主也必须在 E-Verify 登记注册。课外实习是有些专业课程设置的一个部分，而且，进行 CPT 实习的学生可以获得学分。与 OPT 不同的是，提交 CPT 申请的 F1 学生必须出示雇主的证明信，但是 CPT 申请不需经过移民局的批准。只要所在学校的国际学生办公室认可，并在其 I20 上注明 CPT 的起止时间，以及雇主名称，CPT 申请就算获得批准。符合条件的 F1 学生可以申请全时或半时 CPT。许多 F1 学生通过申请 CPT 获得了在美国继续工作的机会，同时为申请 H1B 赢得了时间。

移民局还表示，目前，E-Verify 不能查证学生的 I20 表格，所以无法自动生成申请人有资格在校外工作的证明。E-Verify 系统在进行第一步自动查证程序时，不能同时进入 SEVIS 系统。因此，申请 CPT 的学生必须在学校获得书面的证明。但是，24 小时之内在 SEVIS 系统中就可以查到该学生有工作许可的资料。

E-Verify 虽然是一个新名词，但是这样一个系统已经存在数年了。该系统是移民局和社会安全局共同发起并维护的。目前大约有 6 万个公司加入了该系统。通过 E-Verify，雇主可以查证新雇员是否可以在美国合法工作。只要将雇员的名字输入该系统，就可以查到名字与社会安全号码是否相符合。如果该雇员不是美国公民，该系统还可以查到他（她）的工作许可是否还在有效期内。为防止身份被盗用，2007 年 9 月 17 日在该系统加入了照片识别功能。这一功能允许雇主连接到政府的庞大的数据库。该数据库内存有颁发给带有外籍员工照片的工作许可证及外国人登记卡（Alien Registration Card）的影印本。

总之，CPT 和 OPT 都是外国学生在美国获得工作经验的途径。

OPT 期间回国返签攻略

不少人纠结着 OPT 期间要不要回国，担心回去就回不来了。其实，OPT 本来就是给你毕业后合法实习工作，对专业进行实践的一个机会，是可以理直气壮地回去再回来的。

下面是两位用 OPT 回国又成功返美的同学的经验。

（一）

魏同学，NYU 毕业，签证过期，每周工作 8 小时。

本人情况：

5 月从纽约大学硕士毕业，OPT 从同年 6 月 1 号开始（有效期一年）。本人签证于 8 月份已过期。毕业后在纽约的一个医院有一份兼职工作，工作的性质和所学专业完全符合，每周工作时间 8 小时左右，还没有开始申请工作签证，没有递交任何有关申请工作签证的文件。

11 月份的时候开始琢磨着想回国待两个星期，没有啥特殊原因，就是想家想朋友想北京了想回来耍耍，于是开始在网上搜索相关资料。OPT 在北美学生心中一直是个极敏感的时段，很多签证没过期的都不敢回国。仔细看了看学校官网关于 OPT 旅行的相关政策，发现只要有学校国际学生办公室的旅行签字和所在单位开的证明信，原则上就是可以安全返回美国境内的，于是一横心就开了各种材料飞回来了。

所需材料：

1. DS-160 确认页；

2. OPT 阶段仍然属于学生身份，所以仍然是申请 F1 签证；

3. 签证费收据（两联都要带）;

4. 护照；

5. 附有学校国际学生办公室旅游签字的新 I20（OPT 开始后会有一个新的 I20 表，离开美国之前要去学校的国际学生办公室签一个旅行签字——至少 NYU 是这样要求的）;

6. 成绩单；

7. 毕业证书（我看网上说需要，但是签证官没看，因为成绩单上已经显示出已经获得的硕士学位了）;

8. 个人简历；

9. 单位证明信（这个信是除了护照和 I20 以外最重要的材料，如果还没开始工作但是有正式的 offer letter 的就拿正式的 offer letter，像我这种做兼职没有正式 offer letter 的就从单位要了一个在职证明信，信里面描述了我的工作性质、工资待遇、就职时间。还强调了单位知道我回国的计划并且等着我回美国后继续回去工作）。

*关于就职时间：因为 OPT 的时间只有一年，所以学校官网上特别强调了要在单位的证明信里标明工作的开始和结束日期，并且结束日期不能晚于 OPT 的结束日期，于是我就跟老板解释了一下，让单位把我 OPT 的结束日期写成我的工作结束日期，仅仅只是作为签证需要。

其他辅助材料

我还带了我毕业后考的治疗师资格认证、毕业证书作为辅助材料，不过签证官都没看。

签证过程

在美国的时候电话预约了签证，在这里强调一下，OPT 回国返签最好走面签，虽说学校没变，sevis no.没变，又是返签，应该走中信代签，但是中信代签其实不是很清楚 OPT 的情况，所以会有缺少必要材料的危险（身边朋友走代签的经历）。打电话预约签证的时候话务员会问你符不符合中信代签，就跟他说自己已经毕业了不符合就行了。

一大早去了大使馆，交材料，压指纹，见了签证官，对话如下。

签证官：你申请的是 F1 签证，你要去哪个学校？

我：NYU，不过我已经毕业了，现在在用 opt 实习。

签：实习啊，你实习的内容和你所学的专业一致么？

我：一致。

签：我看你学的专业是@￥#%#@，你能具体解释一下你在实习中如何应用的么？

我：@￥#%￥#%……！￥#%（个人觉得这段解释很重要，要说得很自信并且真的很清楚自己的工作内容，我说的期间签证官一直在电脑上噼里啪啦地打字……）

签：你通过了，回去继续享受你的实习吧。

过程起始很简单，签证官看的最仔细的是单位开的在职证明信，简历稍微看了两眼，其他的材料就没怎么看了。感觉比较重要的是要让签证官知道你的工作和你所学专业是一致的，并且你很清楚自己的工作是干嘛的。

回国前咨询国际学生办公室的时候对方说 OPT 回国返签的风险在于签证官会容易怀疑你的移民倾向。我去签证前还准备了一套关于自己 OPT 结束后什么打算的说辞，但是最后签证官根本没问我实习结束后想干嘛。

总结一下就是，OPT 其实也是学生生涯的一部分，和之前读书阶段其实没有区别，因为 OPT 这一年仍然是属于之前所在学校的学生身份。所以如果材料齐全，签证时表述清楚，返签还是很顺理成章的一件事儿的。

（二）

N 同学，OPT 中，Visa 过期。

刚从国内休假回来。今年回国之前，每个知道我尚在 OPT 且 visa 过期，反应都一样，啊呀，你 OPT 要回去啊，很危险的呀！我只能解释、科普，只要有工作，OPT 回国签证根本没问题。写写签经和入关过程。交代下背景：3 月毕业，4 月开始 OPT，5 月正式工作，12 月回国。

预约：

理论上来说，OPT 还是 F1，如无特殊情况，可以递签的，但考虑到中信人员的不靠谱以及 OPT 的特殊性（毕竟你不会回到学校了），且递签显然比面签慢，所以我毫不犹豫地选择了面签。电话预约的时候，接线员会各种威胁你，什么”可能进不去大使馆”等等，你一定要坚持说”必须面签，我 OPT，使馆说可以的”。只要你自己坚持，他还是会给你预约面签的，事实证明根本没有”进不去”这回事。

准备材料：

OPT 签证最关键的一点就是：有！工！作！

我的材料清单：

Passport；

DS160 confirmation page；

Visa application fee receipt；

I20（申请 OPT 时 issue 的那份，并且把之前的所有旧的也带上。千万注意：OPT 情况 ISS 的签字需要半年内，而不是之前的 1 年，如果离开学校，把 I20 寄给你的 ISS advisor 让对方签好了寄回给你就 OK）；

SEVIS fee receipt；

EAD card；

Offer letter；

Employment verification letter；

payroll stubs（如果是电子工资单的话，那就打出来。我觉得准备三张就可以了）;

SSN。

因为重点在于证明你有工作，所以以上这些我觉得是必须要准备的，尤其是 EAD，offer letter。在职证明是我让 HR 给我开的，反正有胜于无呗。以下的一些资料则作为补充。

Company information；

Resume；

Diploma（其实有了 transcript，这个不需要，在美国，唯一能证明你学历的就是 transcript，毕业证学位证都不管用）;

Transcript Driver’s license。

要非常熟悉自己学习的专业、工作的内容，且能让人信服两者是紧密相关的。

签证过程：

一些众所周知的就不说了，直接说面试。以下为翻译后版本。

VO（翻着我的 I20）去美国干嘛？

我：休假后回去继续上班，目前 OPT。（递上 EAD 卡）

VO：（看 EAD）哦，你 OPT 还有 4 个月了嘛。

我：嗯，没错。

VO：在什么公司，公司在哪？

我：（介绍公司 blabla，递上公司介绍彩页）

VO：你具体干嘛？

我：blablabla（一边介绍一边递上在职证明，HR 在上面详细描述了我的工作内容）

VO：薪水怎么样？

我：（如实回答，递上工资单存根）

VO：（边看边点头）你的签证批准了，2 到 4 天会到你手上。

我：Thanks! Have a good one Sir.

VO：不客气哦。（笑笑，留下护照，其余材料还给我）

所以，就是这么简单轻松。准备充分，整个过程都自信自然不卑不亢。

再写写入关。

Officer：这次回来干嘛？

我：休完假继续回来工作，我现在 OPT。

Officer：（看 I20）什么专业，念了多久？

我：blablabla

Officer：在什么公司？具体干什么？

我：blablabla

Officer：（点头，写字，敲图章）欢迎回来，圣诞快乐！

轻松无压力。

OPT 的同学们啊，再也不要被那个传言迷惑、吓倒了，如果你没有工作，就大胆地回国吧！在我看来，回国是高于一切的事情，和家人朋友在一起的时光，比任何都快乐。

H1B 介绍

Specialty Occupations/ Temporary Worker Visas（H1B）（特殊专业人员/临时工作签证）

H1B 签证系美国最主要的工作签证类别，发放给美国公司雇佣的外国籍有专业技能的员工，属于非移民签证的一种。持有 H1B 签证者可以在美国工作三年，然后可以再延长 3 年，6 年期满后如果签证持有者的身份还没有转化，就必须离开美国。

基本要点

有效期最长 6 年（提交绿卡申请者可申请延期），每次申请最多 3 年（有的公司是一年一年申的，也有的是三年三年申的）。

不能同时受雇于多个雇主，除非每个雇主都给你 sponsor 签证，并且不能两个都是全职。

不能随意搬到别的地区，要提交申请。

No benching—雇主不可随意因”现在没有活儿给你干”等原因停止支付 H1B 员工。

员工的工资必须被美国 dept of labor 审批通过才可申请 H1。

一般移民局的处理周期是 2 ~ 5 个月。

提交申请之前，申请者必满足所有的要求。也就是说，必须完成当前的 program。只要毕业了即可，不一定要等到拿到学位证。

H-4 签证（配偶或者 21 岁以下子女）没有工作许可（不过奥巴马的新移民法改革法案里貌似提到要授予工作许可的）。

H1B 签证过期了，但过期之前已经提交了新的申请的话有 240 天的 grace period。

H1B 失效之日，H-4 同时失效。

相比 H1B，OPT 其实要自由很多，所以要创业的同学留着 OPT 才是上上之选。不过 H1B 有的优点是，H1B 期间可以 enroll in school。

美国雇主需要准备的材料

①公司简介：美国雇主所从事的行业、公司成立日期、员工人数、联邦保税号码、近一年的生意总额等；

②雇佣合约：雇主与申请人之间的雇佣合约，包括工作性质、工作职责、工作时间、工资、福利及合约有效期等；

③专业性工作证明：证明雇主所提供的工作是属于专业性工作，该工作必须由具有专业水准的人士来任职；

④支付工作能力证明：证明雇主有支付工资的能力，例如：报税单、银行月结单、财务会计报表等。

申请人需要准备的材料

①个人履历表；

②个性简介；

③工作经历证明：应包括过去的每一份工作的公司名称、地址、日期、职务、工作性质以及经验等；

④学历证明：应包括小学至大学不同学校的名称以及结业日期、学位证书以及毕业文凭；

⑤有关个人专业成就的文章、报导、荣誉及奖励证书、专业执照及专业证明等。

如申请人在美国以外的地区受教育，通常移民局可能会要求其提供学历证明及工作证明文件，并需经过美国评估机构或美国大学来评估。

如申请成功，申请人将会获得移民局的批准通知书 I-797，即可申请赴美签证。申请签证时，除需准备申请非移民签证所需要准备的基本材料外，还需补充以下材料：

①移民局批准通知书 I-797 原件；

②非移民雇员申请表 I-129 复印件；

③工作证明和学历证明或美国机构的评估说明。

每年名额

普通 H1B 签证：65 000

高学历 H1B：20 000

总额：85，000。但是，当中有 6800 个名额是智利和新加坡专用（这个叫 H1B1，Free Trade Agreement Work Visas，只有这两个国家才有），所以实际总额是 78 200。

申请 H1B 所需花费

$325：I-129 表申请费。一般情况下由雇主支付（要求），但也有的雇主会让员工支付。

$750 / $1500（员工数≤ 25：$750，员工数>25：$1500）：AICWA Fee（American Competitiveness and Workforce Improvement Act of 1998）。必须由雇主支付。

$500：防虚假信息费（anti-fraud fee）。必须由雇主支付。

$2000：Fee based on Public Law 111 – 230。当公司有 50 名或者一半以上员工是非移民签证（H1B，L1，L2）时，需要缴纳这 2000 美金。

$1225：可选项，优先办理费，雇主或者员工支付

申请 H1B 倒计时 Check List

近几年来移民局对 H1B 的申请审核标准较苛刻。首先要了解 H1B 的基本要求，其次，需要了解移民局近来的审核情况，是确保 H1B 成功的关键。

在审核 H1B 申请时，移民官首先要了解公司的整体运营状况。

通常来讲，如果申请公司的年总收入不到 1000 万美金，雇员不超过 25 人，或者创立时间不超过 10 年，就有可能引起移民官的注意。移民官有理由认为申请材料中有潜在不实信息，从而导致对此类公司递交的 H1B 申请从严审查。此外，小型公司为下列职位递交的 H1B 申请也可能会引起移民官的注意：会计、人力资源、分析员类职业（包括市场分析员、商业分析员、财务分析员等）、经理（包括广告、市场、公共关系、销售经理等）。

小公司申请 H1B 是否存在风险

许多在小公司工作的员工非常担心自己的 H1B 没办法申请了。事实并非如此不乐观，因为小型公司是推动美国经济发展的主要动力，占有美国所有公司总数的 90%以上。能够进入世界 500 强工作的外籍人士并不占多数。多数毕业生往往更容易在中小型公司获得工作机会。

如何满足专业职业要求

H1B 是为在美国从事专业职业（Specialty Occupation）的外国人所设立的工作签证。

根据移民法规，"专业职业"（Specialty Occupation）定义如下。

一种需要高度理论和实践专业化知识的职业，包括但不局限于这些行业：建筑、工程、数学、物理科学、社会科学、医药卫生、教育、商务、会计、法律、神学和艺术。并且在美国，该职业要求从业人持有某一特定专业的学士或更高学位，或同等学历。

移民法规进一步规定，要满足"专业职业"（Specialty Occupation），H1B 所申请的职位必须满足以下四项中至少一项。

1. 这一职位通常要求就业者具有学士或更高学位，或同等学历；

2. 所属产业类似职位普遍要求学士学位，或是雇主所提供的职位异常复杂独特，只有持有学士学位的人才能胜任；

3. 雇主通常要求有学士学位的人从事这项工作；

4. 具体职责非常专业且复杂，这些专业知识只有通过本科学习才能获得。

根据我们的经验，在审理 H1B 案件时，移民官首先审核工作职责是否是属于" 专业工作"。基本上是根据所从事的具体工作内容，而不是职务名称，来判断某一职位是否属于" 专业工作"。所以，在申请 H1B 时，所制定的工作职责一定要严格符合" 专业工作" 性质。

在美国开设公司给自己申请 H1B 的可行性

根据移民局近年的政策，外国人可以通过自己开设的公司为自己申请 H1B。但是，所递交的申请材料必须要满足移民法有关 H1B 的相关法律要求。而且，公司和自雇雇员之间应当存在雇佣关系。

H1B 雇员必须为符合条件的美国雇主工作。美国雇主可以是个人，也可以是公司，或者协会。同时，美国雇主需要满足以下几个条件：1. 在美国境内有雇员；2. 该公司与雇员存在真正的雇佣关系，比如雇主是否有权对雇员实行监督管理，雇主是否有权力控制雇员的日常工作和工作产品，以及雇主是否有录用和开除雇员，及支付薪水的权力。3. 有美国国税局批准的税号。

移民局认可公司的创办者和 H1B 申请的受益人存在着雇佣关系。例如，新公司有一个独立董事会，而且对公司创办人，即 H1B 受益人有实际的控制权，H1B 申请中雇佣关系一条就可以被满足。同时，我们还想提醒大家，H1B 申请的法律要求从来就没有改变。除了建立雇佣关系，申请公司和申请人必须依然满足以下条件。

1. 证明受益人暂时在美国担任专业职位；

2. 证明受益人可以胜任这一专业职位；

3. 这个职位需要至少有本科学历的人才可以胜任；

4. Labor Condition Application 证明雇主在聘用雇员时的工作条件。

根据我们为自行开办公司的外国人士申请 H1B 的经验，我们认为这个选择比较适合具有专业技能的人士，比如设计师、建筑师、会计师、软件开发师等。这类工作通常容易满足 H1B 必须是"专业工作"的要求。公司办公地点的租赁合同、黄页广告以及与客户签订的合同、意向书等都有助于建立公司长期经营的计划。另外，建立自己创立的公司和自己存在雇佣关系也是一个关键。不同性质的公司，申请 H1B 职位的不同，需要提供不同的材料。我们建议您咨询有相关经验的专业人士。

当工资低于劳工部要求时怎么办

劳工部通常是参照 Occupational Employment Statistics（OES）来决定工资标准。而工资标准的多少取决于以下几个因素：工作性质、工作所在地区以及工作职责等。DOL 明确表示，公司规模及经营状况不作为决定 prevailing wage 的考虑因素。

当雇主 offer 的工资与 prevailing wage 相去甚远时，我们通常会向雇主详细介绍工作性质对工资标准的影响，从而征得雇主的理解，使其同意将工资提高到劳动部所规定的 prevailing wage。其次，建议雇主对具体工作职责和职位做相应修改，使其更接近于雇主提供的工资标准，同时又可满足 DOL 所规定的 prevailing wage。

此外，part-time H1B 是一个不错的选择。它既可以让雇主支付较少的工资雇佣员工，维持公司的正常运作，也可以使外籍员工保持合法身份。在过去几年里，我们为许多公司的外籍员工（专业背景多为会计、MBA、金融等）申请了 part-time 的 H1B。这些雇主通常是中小型公司，而且支付的工资通常低于劳工部规定的普遍工资（prevailing wage）。

移民局对 H1B 每周最少工作多长时间没有限定。一周只工作几个小时的 H1B 也是有可能被批准的。现实生活中，同时拥有几份 part-time 工作的外籍员工也大有人在。Part-time H1B 一个优势是工作时间上的灵活性。很多 part-time 工作每周的工作小时数都是不固定的。为了配合这个需要，在申请 H1B 时，每周工作时间可以设定为一个范围，比如 20 至 30 个小时一周。这样，只要这个员工每周的工作时间在 20 至 30 小时之内，他就能维持合法身份。

综合以上分析，如果您是应届毕业生，需要靠 2015 年度 H1B 名额维持在美国的合法身份，那么您应该尽早开始 H1B 申请的准备。如果您找到了一份工作或者有机会自己在美国成立公司，请咨询有经验的律师，以最大程度上保证您的权益。

H1B 抽签的启动、过程及确认

H1B 抽签程序的启动

H1B 抽签并非年年都有，是由需求量决定的，尤其是 4 月头 5 个工作日移民局收到的申请数量决定。H1B 每年的名额是 8.5 万个。其中，2 万个名额是特别留给在美国获得硕士或以上学位的申请人的，6.5 万千个名额是普通名额，包括本科学位及以上学位的申请人。美国的财政年度是前一日历年的 10 月 1 日开始，到本日历年的 9 月 30 日。只要 H1B 工作的" intended employment starting date" 开始日在财政年度中某一天，那么该申请就有可能受该年度名额限制。法律允许 H1B 最早的申请时间是财政年度开始前的 6 个月，也就是 4 月 1 日。如果在 4 月开头 5 个工作日移民局收到的 H1B 申请已经超出当年的 H1B 名额，那么就需要抽签决定当年受理的案件。2014 年 4 月的头五个工作日是 4 月 1 日到 4 月 7 日。如果在 4 月 7 日前申请数目没有超出名额，那么就不会启动抽签。而是根据先到先得的原则受理申请，直到名额用完为止。

并不是所有的 H1B 申请都受名额限制，都要抽签。下面四类 H1B 不受年度名额限制，应此也无需抽签。

1. 大学和高等教育机构提交的 H1B 申请；

2. 大学或高等教育机构密切关联的机构或附属机构；

3. 政府和非营利性研究型机构提交的 H1B；

4. 以前曾占过 H1B 名额，现在要转换雇主。

H1B 抽签过程

H1B 的抽签是先从 2 万个留给美国硕士及以上学位的申请人开始的。拥有硕士及以上学位的申请人如果在 2 万个名额中没有被抽中，那么将被并入 6 万 5 千个普通名额，进行第二次抽签。可见，由于有两次机会，拥有美国硕士及以上学位的申请人被抽中的几率相对会高一些。

怎样确认自己是否被抽中

一旦被抽中，移民局就会发出受理的收据（receipt notice），上面会有受理的日期。如果收到这样的受理通知，便意味着申请人在抽签过程中被选中。还有一个确认的办法是，移民局提取了申请费。因为如果申请没有被选中的话整个申请包括申请费都会被退回，所以如果在收到受理通知之前发现公司的申请费已经被移民局提取的话，那么也意味着申请人的申请被选中了。如果申请人申请不幸没有被选中，那么申请人的申请包裹会通过平信方式被移民局退回。

H1B 抽签被抽中是否意味着案件将审批通过

抽签被抽中固然是可喜可贺的好事，但这只是 H1B 申请的头一步，只意味着 H1B 的审理刚刚开始。如果没有被抽中，那么连被审批的资格都没有。即使被抽中，也只是表示进入了正常的审批程序，并不对结果有任何预示作用。如果 H1B 没有被抽中，该案件视为”没有被接收”，移民局会把案件连同申请费一同退回。H1B 申请对于时间节点和申请细节的要求格外高。H1B 的申请人常常处在 OPT 的尾巴上，一旦申请失败，则可能面临无有效身份的尴尬。申请人务必要选择有经验且负责任的移民律师妥善处理您的申请，以免任何一个细节的差错耽误了申请也耽误了得来不易的工作机会。

H1B 回国签证攻略

这里要注意的是很多小伙伴误解 H1B 生效日要回国去才能转换身份，其实当你 H1B 批了的时候，应届生都是有 Gap Cap OPT 即 OPT 自动延长到生效日。这样的话，你不用回国也可以留在美国继续工作，直到你想回国的时候，再次入境就要签一个 H1B 才行。

H1B 回国签证材料

核心材料

DS-160 最后那个确认页，打印出来带着；

I-797（H1B 原件）；

I-129 复印件；

签证缴费收据（中信银行的）；

护照；

照片一张（签证照片）；

雇佣证明（OFFER LETTER）（如果是 CONTRACTOR 去找自己的 CLIENT MANAGER 开一个请假）；

回国在职证明；

个人简历（大使馆主页有模板）；

补充材料（也许有的不需要看个人情况，带着无妨）；

教育证明（学位，成绩单）；

工作计划（基本介绍公司的工作计划写一些）；

SSN；

Driver license；

公司的 BADGE；

I-20；

PAYSTUB 最近 6 个月的；

bank of statement（主要有你现在的住址）；

EAD card。

具体签证流程

1. 中信缴费 1210 人民币，保留签证缴费收据；

2. 准备一张签证照片；

3. 在线填写 DS160 表格；

4. 电话预约面试时间：要签证缴费收据和 DS160 填写后的确认号；

5. 准备面试材料；

6. 面试。

注意：可以自己准备些面试问题和零散的资料。

OPT—H1B—绿卡身份转换问题集合

每位在美国的留学生如果在美国实习或者求职，都会经历 OPT 到 H1B 的转换，而部分学校部分专业有 CPT 可以用于带薪实习。以下是我总结的所有关于留学生职场身份的转换。从 OPT、CPT 申请事项，到扫盲 H1B 签证准备材料，以及 OPT、H1B 期间回国攻略，应有尽有哦！

随着美国移民政策的日趋收紧，越来越多的赴美留学生关心在完成美国学业后如何能够留在美国继续工作并最终获得美国绿卡。一般情况下，留学生想通过国家利益豁免或者杰出人才这个途径实现移民的可能性极小，所以学生签证转为绿卡最常见且最传统的方式就是通过 F1（学生签证）—H1B—（工作签证）—绿卡这个流程来进行申请。

F1→OPT

美国 F1 学生在毕业之后有一年的 Optional Practical Training 时间，简称 OPT。申请 OPT 必须先由学校批准，然后再由美国国土安全局批准，最终获得 OPT 资格。

申请人必须持有效的 F1 签证，并在完成学位前的 90 天内开始申请 OPT；申请的 OPT 工作必须和本人所学的专业相关，否则视为非法工作；如果学生在毕业后 60 天内仍未申请到 OPT，那么必须离开美国。

OPT 是很多在美国的中国留学生毕业之后继续留在美国的常用方式。申请人可以在学生签证到期之后利用 OPT 的合法身份一边实习，一边寻找合适的工作。

OPT→H1B

H1B 是发给外籍专业人士在美国的短期工作签证。美国移民局每年 4 月 1 日开始接受申请，如果申请获得批准，10 月 1 日开始生效。如果学生在 OPT 的有效期内已经找到了正式工作，则可以顺利申请 H1B 签证，在美国合法工作，而如果已经申请了 H1B，OPT 则会自动延长到 H1B 生效日，这个叫作 Cap-Gap。

从 4 月 1 日开始递交申请，到 10 月 1 日 H1B 正式生效，申请人如何在这段时间保持合法有效的身份是众多留学生都要面临的问题，下面简单举例说明常见的三种情况。

第一种：申请人的 OPT（Optional Practical Training 实习期）在 10 月 1 日后才会过期。

这种情况最为理想。如果申请人 H1B 获得批准，10 月 1 日开始，申请人的身份就会自动转为 H1B。尤其是美国国土安全局 2008 年 4 月 4 日颁布新的规定（该规定延长了理工科学生毕业后的实习期，从原来的 12 个月延长至 29 个月）后，很多自然科学学科包括技术、工程、数学（总称 STEM：Science，technology，mathematics，and engineering）类的留学生，就有充足的时间在 OPT。

第二种：申请人的 OPT 实习期在 4 月 1 日到 10 月 1 日期间过期。

根据国土安全局的条例，如果 H1B 申请获得批准，这样的申请人 OPT 工作许可将会自动延长至 9 月 30 日，在 4 月 1 日到 10 月 1 日等待期间，申请人可以在美国合法的居留和工作。10 月 1 日申请人的 H1B 正式生效。

第三种：申请人的 OPT 实习期在 4 月 1 日前过期。

A. 申请人的 OPT 实习期在 2 月份到 4 月 1 日之间过期

由于 F-1 国际学生在 OPT 实习期结束之后，还有一个为期 60 天的 Grace Period（宽限期），允许学生在这 60 天内合法滞留美国。倘若申请人雇主在 4 月 1 日向移民局递交 H1B 申请并成功拿到 H1B 名额，则申请人在美国的合法身份就可以延长至 9 月 30 日。但由于 OPT 早于 H1B 申请递交日结束，申请人可以于 10 月 1 日前合法在美国居留等待 H1B 批准，但不能工作。

B. 申请人的 OPT 实习期在 2 月份前过期

在这种情况下，申请人必须提前采取措施保持在美国的合法身份，比如延续 F-1 的身份，或者有家庭的申请人可以转换成 H4 或者 F2 等等。这样才能保证在 4 月 1 日递交 H1B 申请之前的合法身份。

温馨提示

被申请人的随同直系家属（配偶或孩子），也可一起进行申请，他们被批准后将获得 H4 签证。

H1B→绿卡

持有 H1B 签证后，申请人可边工作，边申请绿卡。

H1B 签证的有效期是 6 年，新的 H1B 签证初期有效期为 3 年，可以续签，起初的续签可以长达 2 年，最终的续签为 1 年，一共不超过 6 年。而 6 年的时间足够申请人办美国绿卡，通常美国公司在 H1B 签证持有人为其工作期满 1 年后将担保该申请人向美国移民局申请美国绿卡；绿卡持有者在美国住上一定时期后可以申请加入美国籍，极少有人不先获得绿卡而直接加入美国籍。

绿卡与永久居留权是划等号的，取得绿卡也就取得了在美国的永久居留权。但绿卡持有者与美国公民所享有的权益差别还是很大的，绿卡持有者一旦在美国犯罪或离开美国 1 年以上，那么绿卡就直接失效，而美国公民在同样的情况下却不会失去美国国籍。

常见的问题

Q1. 什么是"Cap-Gap"？

答：目前的移民法规，允许特定的学生在特定的情况下，只要该学生的 H1B 新名额申请获得批准或等待审理期间，都可以延期 F-1 或 OPT 的身份。

Q2. " Cap-Gap"是怎么发生的?

答：由于 H1B 新名额是每年的 10 月 1 日开放，而移民局允许申请人提早 6 个月提出 H1B 的申请，这也就是为什么 H1B 新名额今年是在 4 月 1 日开始接受申请的原因。

有些人即使在 4 月 1 日送了 H1B 申请，但在 10 月 1 日前无法保持合法身份，就会有 Cap-Gap 情况发生，在申请 H1B 时就会被要求回母国签 H1B 签证。

Q3. 什么样的人符合 Cap-Gap 延期的要求?

答：只要你要求的 H1B 开始工作时间是 10 月 1 日（只能是 10 月 1 日），在你 F-1 的有效时间内提出了 H1B 的申请，就符合

Cap-Gap 延期的要求。F-1 有效时间包括：你的 F-1 学生是在 duration of status（D/S）的时间内，并保留有效的学生身份，你在 OPT 的有效时间内，及 OPT 到期后 60 天内”宽限期”内。

一旦你在 F-1 有效时间内提出 H1B 的申请，并要求在美国转换身份，你的 Cap-Gap 就自动延期。如果你的 H1B 批准了，你的 Cap-Gap 就自动延长至 9 月 30 日，如果不幸 H1B 申请被撤销、取消、或拒绝，在 H1B 被拒绝通知日起或你的原始身份到期日起（以最晚的日起为主），有 60 天的宽限期。你要主动与雇主联系你的 H1B 是否批准。

Q4. 有” Cap-Gap” 的学生如何取得延期证明?

答：你在收到 H1B 收据后，拿着 H1B 的收据及要求在美国转换身份的证明至学校找 Designated School Official（DSO），学校的 DSO 会发出一份新的 Cap-GapI-20。

Q5. 如果 Cap-Gap 及 F-1 OPT 自动延期后，H1B 之后被拒、撤销或取消，还有 60 天的宽限期吗?

答：如果你的 H1B 之后被拒、撤销或取消、从移民局发出的通知日起有 60 天的宽限期让你准备回国，但是如果是因为有欺骗或违反移民法的情况，宽限期则不适用，必须立即离境。

Q6. 在 Cap-Gap 延期的时间内，能否离境并再以 F-1 的身份回来？

答：不能，如果在 Cap-Gap 延期的时间内离开美国，是无法再以 F-1 身份回来，必须等到 H-1B 开始（也就是 10 月 1 日以后），持 H1B 签证回来美国。

Q7. 如果 OPT 已经到期，但是在 OPT 到期后 60 天的宽限期内递交的 H1B 申请，OPT 能延期吗?

答：如果你的 OPT 到期，是在 F-1 学生身份的 60 天宽限期内，你的 F-1 学生身份会自动延期，但是 OPT 无法延期，因为你在送件时 OPT 已经结束了。这种情况下，学生只可以在美国合法等待 H1B 的审理结果，而没有合法工作的身份。

Q8. OPT 的 90 天 Unemployment 限制适用于 Cap-Gap 延期吗?

答：如果你在 Cap-Gap 延期超过了 90 天没工作，你的 OPT 也失效了。

Q9. 什么是 STEM OPT 延期?

答：F-1 学生属于 Science，Technology，Engineering 及 Mathematics（STEM）专业的都可以在原始的 12 个月的 OPT 之后再申请延长 17 个月的 OPT，关于 STEM 的 OPT 延期可在 www.ice.gov/sevis 查询，有意提出 OPT 之后再延期 17 个月 OPT 的申请，雇主必须是加入 E-Verify 的雇主。

Q10. 属于 STEM OPT 并取得了 17 个月的 OPT 延期，还适用 Cap-Gap 的延期吗?

答：可以，但是如果 H1B 被撤销、取消或拒绝的情况下 Cap-Gap 延期也会终止，申请人仍然会 60 天的宽限期。

Q11. 如果 OPT 是在 10 月 1 日以后结束，H1B 要求的开始工作日也是在 10 月 1 日以后，但是学校的 SEVIS 资料 OPT 的有效期却只是到 9 月 30 日的话，应该怎么解决呢？

答：你应该与学校 DSO 联系，要求 DSO 联系 SEVIS Helpdesk 更改 SEVIS 资料。

Q12. 如果 OPT 是在 10 月 1 日以后结束，H1B 要求的开始工作日也是在 10 月 1 日以后，但是又找了一个新的雇主，并已要求学校更改 SEVIS 的资料，还可以用原本没过期的 OPT 工作吗？

答：可以。如果前雇主及时撤消了 H1B 的申请并且满足以下条件：学生找到的新工作符合其 OPT 要求；OPT 未过期；并且学校 DSO 已经向 SEVIS 系统申请了数据修改。

注意：如果学生必须提交 I-539 表格要求 reinstatement 其 F1 学生身份，那这个学生在 reinstatement 批准之后才可以工作。

Q13. 如果 H1B 获得批准，但是 OPT 还在有效期内时被雇主解雇了，还可以回到 OPT 的身份吗？

答：只要雇主在 H1B 开始工作日前通知移民局要求取消 H1B 的申请，并收到移民局的撤销通知，可以拿着移民局的撤销通知到求学校 DSO 通知 SEVIS 修改资料。如果移民局没有在 H1B 开始工作日前收到雇主取消 H-1B 通知的话，申请人必须提出 I-539 的申请并要求 reinstatement 你的 OPT 身份，reinstatement 批准后才能工作。

Q14. 如果 H1B 开始日是 10 月 1 日并已获得批准，原有的 OPT 有效时间 10 月以后，在 H1B 取消或撤销后，还能用原有的 OPT 工作吗?

答：如果 H1B 取消或撤销是在 10 月 1 日前完成，你还可以用原有的 OPT 工作，如果是发生在 10 月 1 日以后，你必须申请 I-539 reinstatement，并在批准后才能工作。

Q15. 如果你如上题要求从已撤销或取消的 H1B 中要转回 OPT 的申请正在等待审理中，仍然有有效的 F-1 学生身份吗?

答：在 H1B 有效日期开始前完成取消或撤销 H1B 的话，你只要拿着移民局发出的 H1B 撤销通知，就可以向学校 DSO 要求改为原有的 OPT 身份，如果 H1B 取消或撤销是在开始工作日以后，你必须申请 I-539 reinstatement，并在批准后才能回到 OPT 身份并继续工作或者是离开美国。

F1 转 H1B“Cap Gap”问题详解

1. 什么时候/怎样向学校索求“Cap Gap”I-20？

如果你符合以上的 Cap Gap 工作许可延期条件，那么 Cap Gap 工作许可延期将自动进行。你不需要独立申请 Cap Gap 工作许可延期。USCIS 美国移民局将同步通知 SEVIS 系统，SEVIS 系统里你的 I-20 信息将自动更新为 F-1 身份延期，Cap Gap 工作许可延期。

当你在 EAD 过期前收到了 H1B 申请的 receipt 时，请向所在学校国际办公室索要更新后的 I-20，确认上面显示了 Cap Gap 延期信息。

建议：在 OPT EAD 失效之前，持 H1B 申请回执单（filling receipt）通知学校自己符合 CAP GAP 延期，跟学校确认自己在 SEVIS 上的 CAP GAP 状态。如果没有跟学校交流，学校 SEVIS 系统没有及时更新的话，学校可能不知道你的情况并且在 OPT 结束后终止你的 SEVIS。这样你会丢失你的 F-1 身份，并且再不能延期本可延期的 CAP GAP 工作许可。

2. Cap Gap I-20 有哪些用处？

（1）雇佣方需要这份信息，HR 需要这份信息，并且放置在你的雇佣档案里。

（2）需持 CAP GAP 更新 I-20 取得的驾照。

一般来说，只有在取得了 H1B receipt notice 之后才能索取 CAP GAP I-20。如果 OPT EAD 在 30 天内即将过期，申请者还没有收到 H1B receipt notice，这时候申请者可以尝试向学校索要 CAP GAP I-20。索要 CAP GAP I-20 之前，请核对你的 OPT 雇佣信息，有变动的情况下请更新 OPT 雇佣信息。

3. 制作 CAP GAP I-20 需要多长时间？

美国大学国际版只是进入 SEVIS 系统，然后打印出来美国移民局和 SEVIS 系统已经更新过的信息.。所以，这份 CAP GAP I-20 制作过程很快。

4. CAP GAP 期间向学校汇报哪些问题?

CAP GAP 的学生仍然是 F-1 学生，必须继续向学校汇报自己的雇佣信息及其他信息。

5. 如果 H1B 申请被拒怎么办？

如果你的 H1B 申请被拒了，那么 CAP GAP 延期立即结束。通常来说，被拒绝的 H1B 申请者必须在 60 天内(从拒信生效开始) 离境。如果 H1B 被拒是因为违反身份规定（status violation），没有 60 天宽限日，申请人必须马上离境。

6. 在 CAP GAP 也就是 OPT 延长期内能旅游么？

为了维持 CAP GAP 工作延期，CAP GAP 持有者不能离开美国。如果 CAP GAP 持有者在 EAD 过期前出境，那么回来以后只能在 OPT EAD 过期前工作，OPT EAD 过期后将不能工作，需要离境美国，10 月 1 日后持 H1B 工作签证入境。

CAP GAP 期内旅游，如果 OPT EAD 已经失效，那么不能凭借 CAP - GAP 再次入境美国。如果 H1B 通过，请就自己持 H1B 签证入境美国事宜咨询律师。

美国绿卡介绍

美国的雇佣移民（EB 类签证）是外国人合法移民美国成为永久居民的主要方式，其中 EB5 相当于自雇，非雇佣类移民包括"家属移民""政治庇护"等。

1. EB1 "杰出人才"移民申请

职业移民第一类优先，又称"杰出人才"移民，杰出人才移民是美国政府"招才纳贤"，积极吸引招纳世界各国优秀人才这一精神在移民政策中的具体体现。根据移民法规定，满足"杰出人才"标准的外籍人士，可以直接申请移民并获得绿卡。

根据美国移民法（Immigration & Nationality Act）的定义，"杰出人才"申请包括以下三种类型。

（1）杰出人才（Alien of Extraordinary Ability，简称 EB-1A）

"杰出人才"或 EB-1A 主要指的是那些在科学、艺术、教育、商业或体育五大领域中具有特殊才能，取得很高成就，并享有国家级或国际性声誉，而且其成果和贡献在该领域得到广泛认可的杰出专业人才。这些人应被认为该领域中少数的顶尖人物之一，且申请人在获得杰出人才绿卡后，将在美国继续从事其领域内的工作，而其工作会对美国社会的相关发展提供实质贡献。EB-1A 不需要申请劳工证，不需要永久性工作的承诺，申请人也可以自己申请移民。当然，美国雇主也可以出面为申请人提出申请。

（2）杰出教授或研究人员（Outstanding Researcher/Outstanding Professor，简称 EB-1B）

“杰出教授或研究人员”或 EB-1B 是指那些在某一特定的科学或学术领域中，取得国家级或国际性声誉的教授或研究人员。此外，申请人还必须在某学术领域中，至少执教或从事研究工作三年以上。攻读博士学位期间的研究工作可以算作申请 EB-1B 中的工作经验。EB-1B 的要求要低于 EB-1A 一些。虽然 EB-1B 也不需要申请劳工证，但是，申请人必须有永久性工作的承诺，需要由美国雇主出面为申请人提出申请。博士后研究不算永久性工作的承诺。

（3）跨国公司的主管或经理（Managers and Executive Transferees，简称 EB-1C）

“跨国公司的主管或经理”或 EB-1C 则指那些被跨国公司调任到美国的高级行政人员或高级经理。该外国人须获得美国公司永久聘任，而在此之前的三年期间内，已为在该美国公司的海外相关企业（母公司，子公司或关联公司）工作至少一年以上。同样，EB-1C 不需要申请劳工证，但是需要有永久性工作的承诺，并需由美国雇主出面为申请人提出申请。

EB-1A 适合于姚明、易建联、郎平、郭晶晶、田亮、刘德华、葛优、杨澜、金庸、齐悲鸿、张艺谋等，都是符合的，无论你是否喜欢他们；从世界冠军变乞丐的张尚武，当年如果办 EB-1，肯定也可以。其实移民局处理绿卡申请，也只能根据各种文件和证书来做判断，你会剪纸、雕塑、刺绣、书法、摄影、主持等等，只要有证件、有充分的证据来证明你杰出，都是有可能办下 EB-1 的。

EB-1B 申请速度很快，也不用经过 LC 过程，直接提交 I40，并且有 premium processing，两个星期给你结果，如果被批准，就直接提交 485，几个月后绿卡就批了。尽管 professor 不是随便就可以号称的，但是 outstanding researcher 就不一样了，这个并不要求你有博士学位，硕士也可以办。但是很明显，如果你只是上了点课的 credit based master，别的啥都没有，无论是 NIW 还是 EB1，你都是不合格的，上点课就能培养出来的背景，跟 national interest waiver、outstanding researcher 要求差远了，要拿绿卡，很可能就得去 EB23 的长队伍里排队。国内来的"土博"，跑到美国做 postdoc，一堆国内中文论文，加几篇英文非 top 期刊论文，成功拿到了杰出科研人才绿卡的，也颇有一批人。尽管成功比例不是很高，但也不是全靠撞大运，还是有相当比例的人通过了的。

EB-1C 适合跨国公司管理层。EB-1C 是为跨国公司高级管理人员设计的移民签证类别。首先，递交 EB-1C 申请的公司必须"跨国"，即美国公司必须是海外公司的母公司，分公司、子公司、合资企业或关联公司。其次，在美国的和在国外的公司必须正在运转中，而且美国的公司必须正常经营至少一年以上。第三，EB-1C 移民签证受益人必须在过去的三年内在海外公司连续工作一年以上。连续工作一年是指这三年内任何一年的连续工作。第四，移民签证受益人必须在国外的公司担任高级管理职位。

2. EB-2、EB-3 申请

大部分人的移民之路，还是规规矩矩的地找份工作，让公司给 sponsor 绿卡。如果有 advanced degree（硕士或者博士），或者是本科+五年相关工作经验，可以申请 EB-2，employment based 2nd preference，俗称第二类优先；如果本科或者没有本科学位的，工作经验也不符合，就得走 EB-3，employment based 3rd preference 了。

要办理 EB-2 or EB-3 拿绿卡，首先公司得证明 job market 上没有满足公司要求的美国人或者绿卡持有者（即永久居民），这个过程叫 labor certification，简称 LC。即使公司已经雇用你了，即使你也用 HIB 工作了一段时间甚至几年了，还是要重新打广告来招人。然后公司把收到的简历进行筛选，原则上要走一遍招人的程序，结果得是没有美国人或者永久居民满足公司的 job requirement 才行。这个过程会由州里的机构来监督，结果汇报给 Department of Labor（DOL）的地区办公室批准。这个过程，往往公司要找律师来指导操作。

3. EB-4 申请

在美国职业移民类别中，有一种专门为从事宗教职业的人员而设的移民类别，那就是宗教人员职业移民绿卡，此类职业移民为第四优先类别，称为 EB-4。

EB-4 宗教绿卡申请人必须是一个宗教派别的成员，可以是牧师及相当于牧师级别的神职人员，如教会的执事或副主祭、基督教科学派的信奉者、神父、救世军的负责人员；以及履行相当于牧师职能的其他不同宗教的相似神职人员。在宗教领域，以宗教为职业或应召献身于宗教事业的专业神职人员，如教授、图书管理人员等。该类人员必须拥有美国大学文凭，或同等的外国大学文凭。美国职业移民 EB-4 申请人还可以是在宗教领域，以传统的宗教功能活动为职业的神职人员，如诗班的领唱者、礼拜仪式主持人、传教士、宗教心理辅导者、宗教翻译、宗教广播员、宗教医院/健康服务机构里的神职工作者（如果他们从事常人的医护工作，如护士，则不在此类）。

但不包括宗教机构中的世俗工作人员，如文书人员、维修工、清洁工、集资人员等。应召献身于宗教事业的神职人员，他们通过起誓或其他表达方式志愿终身奉献于其信仰的教派，如和尚、尼姑、修女、修道士等等的神职人员，也可申请宗教移民绿卡。EB-4 宗教领域的神职人员移民美国申请获批后，可直接以移民身份进入美国，或在美国调整身份，获取绿卡成为美国永久居民。

美国移民之 EB-4 宗教人员申请必须符合的条件；

①在提出宗教移民申请前的最近 2 年内，申请者是其信仰的宗教教派的成员。

②申请人所属的宗教教派在美国有非营利的宗教组织，如教会、寺庙、清真寺等。

③申请人来美国的唯一目的是在宗教组织，或与宗教组织相关联的附属机构从事其特定教派的牧师及相当于牧师级别工作，或其他神职人员的与其宗教职业相应的工作，或应召献身于宗教事业的神职侍奉工作。

美国移民申请者必须在提出移民申请前从事上述的牧师、职业/侍奉职份连续 2 年之久。

4. EB-5 投资移民申请

为了吸引外资，创造就业机会，刺激美国经济增长，美国政府于 1990 年在《美国移民归化法案》，创立了职业移民第五优先，鼓励外国投资者通过投资获得美国永久居留权。投资移民（EB-5）对于拥有足够资产并有意移民美国的外国公民来说具有普世的优越性。投资移民不要求申请人拥有任何学历或者其他履历以及资质，无论申请人是什么国籍，是否有投资经验，是否有企业管理技能，甚至是否会说英文都可以申请。

一般而言，美国移民局要求投资金额不少于 100 万美元。但是事有例外，部分地区投资金额限制可下调到不少于 50 万美元。除了投资资金外，另一个核心的要求是创造就业。法律规定一般是，在 I-526 表格批准后的两年内，对于创立新企业的投资人，投资的新企业必须直接雇佣 10 个全职以上的美国员工。

5. 亲属移民

直系亲属移民：根据美国新、老移民法，美国公民的直系亲属移民不受名额限制。也就是说，美国公民的直系亲属，只要不是美国法律规定不准进入美国的，均可以不受限制地被发给移民签证，移民美国。美国移民法界定的直系亲属是指：

1. 美国公民的配偶；

2. 父母一方为美国公民的未满 21 周岁的未婚子女；

3. 21 周岁以上的美国公民的父母；养子、女和养父、母被视为直系亲属，但收养关系必须在 16 周岁以前就建立；继子、女和继父、母也被视为直系亲属，但继父母必须在孩子满 18 岁前就结婚。

其他亲属移民：除了直系亲属之外的其他非直系亲属申请移民要受到美国移民法规定的年度限额的制约。非直系亲属依照其亲属关系的亲疏，分为四类优先人员，每类都有相应的配额。

常见的便是婚姻绿卡，与美国公民或者绿卡拥有者结婚。

婚姻绿卡刚批下来的时候，只给 2 年的有效期，2 年以后，才转正式绿卡。2 年的婚姻期间可能很快乐，也可能像地狱，一旦中途婚姻 break 了，很可能就转不了正式绿卡。但是如果有家庭暴力，报警留记录，" 家暴" 绿卡也会稳拿。

如果以诈骗绿卡为目的而结婚的，即使婚姻是合法的，实际上也是犯罪了。前段时间，洛杉矶和纽约都有这样的操作移民中介机构被一锅端了。以欺诈方法拿到的绿卡，移民局可以给你取消。

如果是跟绿卡持有者结婚，绿卡不是立刻可以拿到的，绿卡持有人的配偶，也要排期，按照目前的情况来看，大概也需要 4 年多，所以跟绿卡持有人结婚，可能不会让你很快拿到绿卡。如果等对方转美国公民身份再给你办绿卡的话，从绿卡刚批到拿到公民的过程最快也得 5 年，如果是从大陆来美国靠自己奋斗拿绿卡的，绿卡申请时间+5 年下来，一般年龄也不小了。

6. 国内移民的常用方式之 L1 签证后申请 EB-1C 绿卡

申请人需要具备一定的商业经营经验和资金，在国内有自己的公司，然后在美国投入启动资金（可能在 10 万美金左右）建立分公司，申请 L1 签证，然后再申请绿卡。所以，如果是确实被派遣到美国，或者自己的公司确实需要美国拓展业务者，可以考虑通过申请 L1 签证，然后申请绿卡。

L1 签证的特点：

而办理 L1 签证投入的分公司启动资金只需 10 万美金左右。投资风险小。美国 L1 签证则是把钱汇到自己分公司的帐户，投资者进入美国后可以从容地选择投资领域。享受移民同等待遇。L1 签证持有者可以较小的投入享有与移民同等待遇，家属办理 L2 签证进入美国，全家均可享受美国的各种社会福利。

但是L1签证获得一年之后而且符合EB-1C类绿卡申请条件之后才能通过申请EB-1C类绿卡来获得移民身份。所以即使获得L1签证也无法保证一定能获得EB-1C类绿卡申请。当然获得L1签证之后也可以通过其他途径申请绿卡。

H1B 申请常见 Q&A

问题：何谓 H1B 工作签证？

解答：H1B 工作签证是一种非移民的居留资格，这项签证是提供给一些非美国籍的专业人才可以合法在美国居留工作三年，并且可以申请延展三年。

问题：H1B 身份与 H1B 工作签证有何不同？

解答：H1B 工作身份是由美国移民局签发的一种非移民居留资格，H1B 工作签证是由美国大使馆或者驻外领事馆签发的一种非移民工作签证。有效的居留资格将允许您合法地在美国境内工作；而签证则是让您可以合法地入境美国。当您以 H1B 工作签证入境美国，您就成为 H1B 身份持有人。

问题：通常需要多久时间获得 H1B 身份？

解答：只要 H1B 工作签证限额尚未额满，申请者通常可在数个月内通过美国移民局审核获得工作签证。

问题：什么是快速审核？

解答：您只要额外支付移民局 1225 美元（除了原本的 325 美元申请填表费用）就可以获得快速审核服务，保证 15 天可以审核工作签证申请。与一般数个月的申请时间相比较，快速审核的确节省了雇主以及申请者许多时间。

问题：什么是快速审核费用？

解答：快速审核的费用是 1225 美元，这笔费用是移民局索取，无法减免。您在申请时必须将快速审核费用连同 I-129 表格以及申请填表费用一起提出，不过快速审核费用必须另外开立支票或是邮政汇票（Money 订购）支付。

问题：提出 H1B 工作签证有哪些步骤？

解答：您需要完成下列五项步骤以申请 H1B 工作签证。

获得一份工作机会，而这份工作必须是由位于美国的公司所提供的；

您的待遇必须符合劳工部门所公布的薪资标准；

提出劳工条件申请并且获得劳工部的认可；

完成美国移民局的 H1B1 表格并且请雇主出示一张申请信；

最后，将全部签好名的申请资料提交移民局。

问题：雇主需要做些什么？

解答：您的雇主需要做两件事。首先，雇主必须提供给我们申请工作签证所需要的数据。此外，您的雇主必须在我们准备好的文件上签名。

问题：需要多长时间可以知道我职位的薪资标准？

解答：基本上，我们可以在您提出申请当天获得有关您职务薪资标准的信息。

问题：需要多长时间可以获得劳工部所核准的劳工条件申请？

解答：我们一般都可以在 7～10 天获得劳工条件证明，证明表格会连同其他文件交给您的雇主检视后签名。

问题：我的大学学位是在美国境外获得，是否有资格获得 H1B 身份？

解答：所有的国外学位都需要被鉴定是否相等于美国学位。

问题：我已经在目前雇主申请下获得工作签证，不过最近我又获得一份兼职的工作机会，我可以接受这份工作机会吗？我需要进行额外的手续吗？

解答：您应该向您的新雇主要求申请兼职的工作签证，您可以同时拥有两个或多个 H1B 工作签证；无论是一个全职工作签证以及一个半职工作签证，或是两个半职工作签证。不过您不可以同时获得两个全职的工作签证。

问题：我现在是 H1B 身份想要换工作，一般需要多长时间可以获得新工作的 H1B 签证？

解答：如果您想要换工作，您的新雇主必须提出新的 H1B 工作签证申请并且缴交申请费用。过程基本上跟您原先的申请手续一致。您一般需要花费二至三个月的时间获得新的签证，不过根据最新的 H1B 法令，您可以在向美国移民局提出工作申请文件之后立刻展开您的新工作。

问题：我何时可以合法地为新雇主工作？

解答：只要您已经正式地向美国移民局提出申请，并且证明您在申请时已经拥有由另外一位雇主为您申请的 H1B 工作身份，您就可以正式地为新雇主工作。（例如：当您申请新的 H1B 工作签证时，您已经拥有 H1B 工作身份）

问题：我现在拥有工作身份，但是被雇主解雇了，我有多久的宽限期可以保留我合法身份？

解答：正式上来说您并没有任何宽限期。不过，在执行上美国移民局会给您 60 天的"非正式宽限期"转换您的居留身份。

问题：我现在是 H1B 工作身份。如果我被解雇但是仍想继续在美国居留，我应该进行什么手续？

解答：您需要在宽限期限内转换成另外一种非移民身分，例如：F-1 学生签证、F-2，H-4 配偶签证。只要您在规定时间内完成身份转换将可以继续留在美国。

问题：申请 H1B 工作签证以及申请绿卡之间有没有什么关联？

解答：没有，两者之间是互相独立的。H1B 是一种非移民身份的签证而绿卡的申办是表示一种申请成为永久居民的过程。您可以申请绿卡无论您有没有 H1B 工作签证，反之亦然。

问题：我的 H1B 职位以及薪资是否要符合劳工证明申请？

解答：不需要，因为两者申请是独立关系。您的 H1B 也许是以大学学位薪资水平申请，而您的劳工证明也许是以您的硕士学位的薪资水平申请。

问题：雇主公司规模是否会影响我的 H1B 申请？

解答：是也不是，理论上您雇主公司的规模大小并不会影响 H1B 的申请。重点是您的雇主是不是真的需要像您这样的专业人才协助他的事业以及他有没有足够的资金支付您的薪水。所以一个规模较大的公司通常比较有能力达到上述资格因次也将会是一个比较好的 H1B 签证赞助公司。

问题：H1B 的申请费用是多少？

解答：整个 H1B 申请费用是（1）325 美金，（2）1500 美金（多于 25 个全职员工的申请者），或 750 美元（25 个或> 25 全职员工的申请），（3）500 美金（防欺费）。（不包含快速处理费用 1225 美金）

问题：我是否可以在获得 H1B 签证前提出工作移民申请？

解答：是的，提出工作移民申请并不需要先取得 H1B 签证。

我们已经成功地协助许多申请者在获得 H1B 身份前提出工作移民申请。此外，提出工作移民申请也并不会影响您申请 H1B 签证。

问题：如果我已经提出移民申请是否还可以获得 H1B 身份？申请移民是否会影响我申请 H1B 工作签证？

解答：HIB 签证持有人是允许同时进行移民以及非移民身份的申请。因此，无论您是正在进行 I-130 或是 I-140 职业移民申请都不会影响您申请 H1B 工作签证。

问题：如果我的雇主愿意代表我申请 H1B，我应该如何为我的配偶以及小孩申请身份？

解答：如果您的配偶以及小孩都在美国，您必须在申请 H1B 的同时为他们申请 H-4 身份。他们将以依附在您名义下的非移民身份在美国居留。

问题：什么是”H 身份的六年额度”（六年制 H 表盖）？

解答：大致上，当一个外国人持有 H 身份（H1B 或是 H-4）停留在美国累积六年后将不可以再进行 H 身份的延展，这名 H 身份持有人可以选择转换居留身份或是离开美国一年后再以 H 身份入境美国。

问题：”H 身份六年额度”的规定有没有任何例外？

解答：有的，法律规定如果您的劳工证明申请或是移民申请已经提出超过 365 天却没有进一步的消息，您可以申请延展您的

H 身份，一次一年，即使您已经以 H 身份在美国停留累积六年。

问题：如果我已经提出 I-485 申请进行身份调整，我是否还需要保留我的 H1-B 身份？

解答：您还是应该考虑展延您的 H1B 身份。因为如果您的身份调整申请被拒绝而又没有延展 H1B 身份您将会失去居留资格。

问题：美国移民局如何计算 H1B 身份持有人的停留时间长度？

解答：将您所有以 H1B 身份停留在美国工作的时间累积计算。

问题：如果我正在进行身份转换申请却想要离开美国旅行，应该如何保留 H1B 身份？

解答：您可以向美国大使馆，驻加拿大、墨西哥或是您的国家的领事馆取得 H1B 工作签证，或是以再次证明您的 H1B 身份的方式确认您的合法身份。

问题：我目前持有 H1-B 身份而我的移民申请（I-140）已经获准，30 天前我提出 I-485 身份调整申请如果我现在想要换工作是否会影响我的身份转换？

解答：是的，如果您提出的 I-485 身份调整申请短于 180 天将会影响您的身份转换，如果您已经提出 I-485 申请超过 180 天，而您的新工作与原本的工作属于相同工作性质，那您将可以换工作并且不会影响您的身份。

（鸣谢美国达理律师事务所的资源提供）

附录一 回国政策总结

美中国际资深职业规划师与议员授予学生活动证书

▶▶ OPT 实习安置计划

除了大学学历之外，真实的生活和工作经历是现实就业市场上取得成功的关键因素之一。雇主找寻的是能实际运用于工作的素质和技能。

如何才能获得 “真实的生活和工作经历” ？答案很简单：实习！

实习的意义

获得具体的工作技能知识，了解更多的行业相关信息，发现自己的兴趣所在。
积累丰富的实战经验，还可以帮助你更轻松地找到毕业后的第一份全职工作。
实习经验正在迅速成为大学生毕业后获得全职工作机会的十分必要的条件。

▶▶ CPT 实习安置计划

CPT（Curricular Practical Training，课程实习训练）是允许学生在校外合法打工的一个许可，且工作领域必须和学习专业相关。
USCIS（美国公民和移民中心）在定义 CPT 的时候提到这个雇佣必须是学生课程的一部分，包括：实习、Coop 项目，或者其他的实习实践工作，但这些雇主都必须和学校有合作协议。提供 CPT 的院系必须在课程信息中列出工作机会。

注：本书中主要以北京市朝阳区政策为例，因为朝阳区已成为北京市甚至是全国海归精英主要聚集地。本书列举政策仅供参考，各省各地都有所不同，且每年具体规定也有变化，应以官方规定为主。

第一章　海归适用项目

一、朝阳区" 凤凰计划"

什么是" 凤凰计划？"

朝阳区于 2009 年推出" 凤凰计划"，以大力推进海外高层次人才引进、构建" 国际人才宜聚区" 为目标，结合朝阳" 国际高端商务人才发展区" 建设对人才的需求，对来朝阳区创新创业的海外高层次人才进行扶持和服务。

项目 1：海外高层次人才认定

（1）工作类人才：一次性生活补贴 20 万/人；

（2）创业类人才：赠送 50 万创业奖金，一次性生活补贴 20 万/人。

申请条件：

近期回国，来朝阳区工作的海外硕士+5 年工作经验；

近期回国，来朝阳区工作的海外博士+2 年工作经验。

项目 2：企业项目资助

（1）创业团队：赠送 50 万/团队。

申请条件：

团队由三人或三人以上组成；

海外获得硕士或以上学位；

拥有自主知识产权或技术成果。

（2）初创企业资助：

赠送 10 万/创业企业。

申请条件：

企业创始人（法人）获得海外硕士或以上学位；

创业企业成立 1 年之内，注册资金/现金资产≥ 人民币 50 万元，创办人出资的现金资产额度≥ 30 万。

（3）引进留学人员：

补助根据申报情况。

申请条件：

海外获得硕士或以上学位；

与单位签订 3 年及以上聘用协议。

数量要求：

博士 2 人 or 硕士 5 人；

硕士 3 人。

（4）引进海外高层次人才。

通过市场化手段引进的高层次人才，补助服务合同金额的 30%，每年不超过 20 万/企业。

申请条件：

近期回国，来朝阳区工作的海外硕士+5 年工作经验；

近期回国，来朝阳区工作的海外博士+2 年工作经验近。

入选”凤凰计划”的待遇

（1）获得政府以上各项政策资金的资助；

（2）政府将在办公用房、贷款担保、市场开拓等诸多方面给予重点扶持；

（3）帮助进行专利申请、科技成果转化、研发投入、贷款贴息以及上市补贴等；

（4）帮助解决个人北京落户、子女教育、住房保障、医疗健康等各方面问题；

（5）成为朝阳"海外学人俱乐部"成员，参与朝阳政府组织的各类活动。

办理单位：朝阳海外学人中心

网站："朝阳国际人才港"www.tocbd.gov.cn/

E-mail：cotc@tocbd.gov.cn

二、中央"千人计划"

2008 年 12 月，中共中央办公厅转发《中央人才工作协调小组关于实施海外高层次人才引进计划的意见》。海外高层次人才引进计划（简称"千人计划"），主要是围绕国家发展战略目标，从 2008 年开始，用 5～10 年，在国家重点创新项目、重点学科和重点实验室、中央企业和国有商业金融机构、以高新技术产业开发区为主的各类园区等，引进并有重点地支持一批能够突破关键技术、发展高新产业、带动新兴学科的战略科学家和领军人才回国（来华）创新创业。

更多信息可参见网站：www.1000plan.org

三、北京市"海聚工程"

为了更好地落实中央的"千人计划"，北京市于 2009 年实施了"北京海外人才聚集工程"。从 2009 年开始，用 5 至 10 年时间，在市级重点创新项目、重点学科和重点实验室、市属高等院校、科研院所、医院、国有企业和商业金融机构及中关村科技园区、北京经济技术开发区等高新技术产业开发区，聚集10个由战略科学家领衔的研发团队：聚集50个左右由科技领军人才领衔的高科技创业团队；引进并有重点地支持200名左右海外高层次人才来京创新创业；建立10个海外高层次人才创新创业基地。通过北京海外人才聚集工程把北京打造成为亚洲地区创新创业最为活跃、高层次人才向往并主动汇聚的"人才之都"。

更多信息可参见网站：www.8610hr.cn

第二章　归国流程、政策

一、学历学位认证

（一）认证范围

在外国大学或其他高等教育机构攻读正规课程所获相应学历学位证书或高等教育文凭；

在经中国国务院教育行政部门批准的中外合作办学机构（项目）学习所获国（境）外学历学位证书，在经中国各省、自治区、直辖市人民政府审批，并报中国国务院教育行政部门备案的高等专科教育、非学历高等教育的中外合作办学机构（项目）学习所获国（境）外高等教育文凭；

在中国澳门特别行政区及台湾地区大学或其他高等教育机构攻读正规课程所获相应学历学位证书或高等教育文凭。在中国香港特别行政区大学或其他高等教育机构攻读正规课程所获学士以上（含学士）层次的学历学位证书。

注意：以下国（境）外机构颁发的证书暂不在学历学位认证范围内

参加外语培训或攻读其他非正规课程（如短期进修）所获得的结业证书；

进修人员、访问学者的研究经历证明和博士后研究证明；

国（境）外高等院校或其他高等教育机构颁发的预科证明；

国（境）外非高等教育文凭、荣誉称号和无相应学习或研究经历的荣誉学位证书；

未经中国政府相关教育行政部门批准的办学机构（项目）颁发的国（境）外学历学位证书或高等教育文凭；

通过函授、远程教育及网络教育等非面授学习方式获得的国（境）外学历学位证书或高等教育文凭；

国（境）外各类职业技能或职业资格证书。

（二）申办材料

国外学历学位认证申请材料：

一张二寸彩色证件照片（蓝色背景）；

需认证的国外源语言（颁发证书院校国家的官方语言）学位证书或高等教育文凭正本原件及复印件；

需认证学位证书或高等教育文凭所学课程完整的正式成绩单原件及复印件；如以研究方式学习获得的学位证书，需提供学校职能部门（如学院、学籍注册部门或学生管理部门）开具的官方研究证明信原件及复印件，研究证明信内容应说明学习起止日期（精确到月份），专业名称，研究方向，所授予学位等信息；

需认证的国外学位证书（高等教育文凭）和成绩单（研究证明信）的中文翻译件原件（须经正规翻译机构（公司）进行翻译，个人翻译无效。如到教育部留学服务中心递交认证申请材料，建议到我中心 6 层服务大厅内办理翻译业务）；

前置学历学位证书或高等教育文凭原件和复印件（使用这个证书申请需认证的国外学位证书课程或高等教育文凭课程）；

申请者留学期间所有护照（含护照首页——个人信息页、末页——本人签字页以及所有留学期间的所有签证记录和出入境记录）原件及复印件。如果申请者留学期间护照已超出有效期限，需提供在有效期限内的护照原件及首页和签字页复印件或户籍簿原件和复印件；

中国驻外使（领）馆开具的留学回国人员证明原件及复印件；

申请者亲笔填写的授权声明（登录 http://renzheng.cscse.edu.cn/下载）。

（三）认证流程

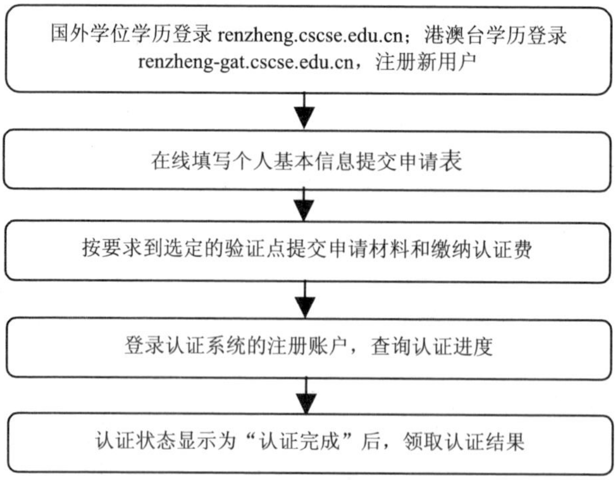

国外、港澳台地区学历学位认证申请及办理流程

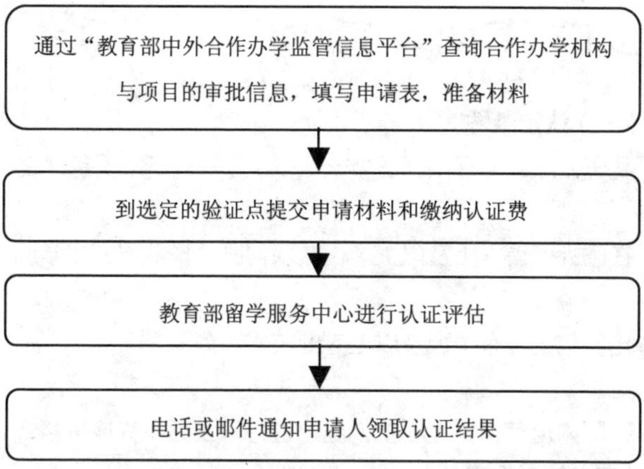

中外合作办学国（境）外学历学位认证办理流程

（四）办理机构

教育部留学服务中心

地址：北京市海淀区北四环西路 56 号辉煌时代大厦 6 层

邮编：100080

电话：010-62677800

传真：010-62677574

工作时间：周一至周五 9：00—16：00

网址：www.cscse.edu.cn

二、留学人员身份认定

（一）认定条件

我国公派或自费出国留学一年以上，并具备以下条件之一者：

在国外取得学士及以上学位或获得国外毕业研究生学历；

出国前已具有中级及以上专业技术职务；

在国内已获得博士学位，出国进行博士后研究或进修。

（二）认定程序

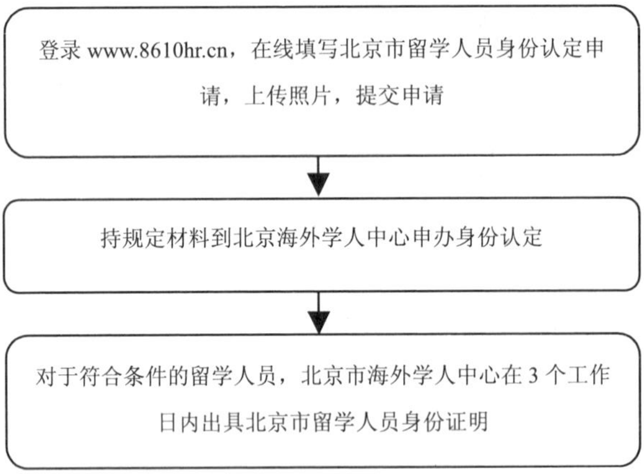

（三）所需材料

有效护照原件及复印件一份；

我国驻外使（领）馆教育处（组）开具的留学回国人员证明原件及复印件一份；

根据不同情况提交下列材料之一：

国外学士及以上学位证书或国外毕业研究生学历证书的原件及复印件一份；

出国前国内中级及以上专业技术职称证书与国外进修一年以上证明的原件及复印件一份；

国内博士学位证书与出国进行博士后研究或进修证明的原件及复印件一份。

认定委托：

留学人员可委托他人代办北京市留学人员身份认定证书，代办人除提交规定材料外，还需提交代办人身份证和委托人签名的代办委托书。

（四）办理机构

北京海外学人中心服务大厅

地址：北京市海淀区中关村海淀北二街 10 号泰鹏大厦二层

邮编：100080

办公时间：周一至周五 9：00—16：30

电话：010-82484901/05/07

传真：010-82484897

E-mail：fuwu@8610hr.cn

网址：www.8610hr.cn

三、北京市（留学人员）工作居住证

北京市政府为鼓励和促进留学人员在京工作和创业，推出北京市（留学人员）工作居住证制度，具体办理要求和手续如下。

（一）申请条件

申请单位条件

申请单位应符合城市功能定位和首都经济发展方向及产业规划要求的本市行政区内，具有法人资格的企事业单位、民办非企业单位、社会团体等单位。

申请人条件

申请人需为我国公派或自费出国留学一年以上并已于近期回国，具备以下条件之一者可申请办理：

在国外取得硕士及以上学位或具有国外毕业研究生学历；

出国前已具有中级职称及以上专业技术职务；

出国前已获得博士学位，出国进行博士后研究或进修。

（二）申请程序

申请单位向十八个区县、北京经济开发区人力资源和社会保障局或北京海外学人中心申报，十八个区县、北京经济开发区人力资源和社会保障局或北京海外学人中心负责审核、审批。

用户注册：登录"北京市人力资源和社会保障局"（http://www.bjld. gov.cn/），进入"网上办事"—"人才引进"—"留学人员引进信息管理系统"，点击"留学人员办理工作居住证及人才引进用户注册"，完成用户注册并提交。

网上申请：注册成功后，进行"用户登录"。"用户登录"完成后，依次点击"留学人员工作居住证办理"、"留学人员工作居住证申请"和"现在申请"，按有关要求详细、如实填报有关资料（包括本人信息、随带家属信息等并上传本人照片）。填报完所有的信息后，点击"提交"按钮。

网上打印：提交成功后，点击"打印北京市（留学人员）工作居住证申请表"按钮，打印出北京市留学人员工作居住证审批表；点击"打印单位证明表"按钮，打印出留学人员来京创业工作单位证明书。

单位盖章：由所在工作单位填写留学人员来京创业工作单位证明书，并加盖单位公章。

材料复核：在提交成功后两周内，本人持所需提交的相关材料到北京海外学人中心进行复核。

领取证书：被批准者可在网上查寻办理情况。被批准者可在批准日期 2 个工作日后到北京海外学人中心领取北京市（留学人员）工作居住证；未被批准者可按网上审批意见补充材料。

（三）北京市留学人员工作居住证新办

申请单位出具的《关于为×××办理<北京市留学人员工作居住证>的申请》，需说明单位主营业务以及申请人的基本情况和业绩表现；

申请单位营业执照副本或法人证书；

中级职称证书或博士学位证书；

中国护照和我国驻外使（领）馆教育处（组）开具的出国留学回国人员证明（护照已过期的，应提供户口卡）；已加入外籍的，应提供外国有效护照，其中加入外籍且更名的留学人员，还需提供更名证明；

国外学历、学位证书（含成绩单）（在国外进行研究型学习的博士、博士后，如没有成绩单可不提供，个人写情况说明）；属于进修人员的，应出具国内专业技术职称证书与国外进修证明；出国进行博士后研究（进修）的，应出具国内博士学位证书和国外博士后研究（进修）证明；中国国籍的留学人员须提供教育部留学服务中心出具的国外学历学位认证书；

留学人员与申请单位签订的有效劳动合同；

留学人员在京固定住所证明。自己有住房的，提供房产证或购房合同；租赁房屋的，提供主管部门出具的房屋准许出租证明以及与业主签订的租房协议；租赁公房由房屋产权单位出具证明；

借住亲友住房（私房）的由居委会出具相关证明和房产证；

地税部门出具的由申请单位为留学人员代扣代缴的自申请之日起近三个月的连续缴纳个人所得税的证明。申请单位需在个税缴纳证明上注明”本人连续缴纳情况属实”字样，由申请单位法人签字，加盖申请单位公章；

社保主管部门出具的留学人员缴纳社会保险至申请之日的证明（外籍人员可不提供社保证明）；

留学人员工作居住证材料诚信声明；

北京市（留学人员）工作居住证审批表一式三份，在”申请单位意见”一栏中签署单位意见、加盖单位公章；

留学人员的与”工作居住证管理系统”内上传照片同底的近期 2 寸免冠照片一张；

其他需要提供的材料。

（四）办理机构

官网办理：登录”北京市人力资源和社会保障局”官网（http://www.bjld.gov.cn/），完成用户注册并提交。

现场办理：北京海外学人中心服务大厅

电话：010-82484901/82484905/82484907

地址：海淀区中关村海淀北二街 10 号泰鹏大厦二层

四、朝阳区留学人员引进流程

（一）申报条件

中国公派或自费出国留学一年以上，具备以下条件之一者可申请办理留学人员引进：

在国外取得硕士及以上学位；

出国前已具有高级职称；

国内已获博士学位，出国后进行博士后研究或进修。

（二）办理程序

用人单位向区人力资源和社会保障局申报材料；

区人力资源和社会保障局初审后报市人力资源和社会保障局审批；

市人力资源和社会保障局审批后办理调动和落户手续。

（三）所需材料

引进留学人才审批表一式两份（须有聘用单位签字盖章），调动人员情况登记表一式三份（配偶随迁且原户籍所在地相同的，填写一式四份）；

聘用单位出具的关于引进留学生×××的申请，主要内容：单位基本情况、引进留学生的基本情况、引进理由、突出业绩和作用；

聘用单位营业执照副本或法人证书；

我国驻外使领馆教育（文化）处（组）开具的留学回国人员证明；

留学人员中国护照；

属于在国外取得硕士及以上学位的，提供国外学历学位证书（含成绩单）和出国前学历学位证书；属于出国前已具有高级职称的，提供出国前学历学位证书、高级专业技术职称证书以及专业技术职务任职通知；属于进修人员的，出具国内博士学历学位证书、国外博士后研究或进进修证明；

教育部留学服务中心出具的国外学历学位认证书；

聘用单位出具的接收函。由集体、民营和私营企业接收的，接收函需由负责人事代理的人才服务机构及上级人事部门盖章。接收函上注明联系人、联系电话；

与聘用单位签订的有效劳动合同；

留学人员在聘用单位连续缴纳最近三个月以上的个人所得税完税证明；

社保机构出具的社会保险缴存证明；

留学人员原行政隶属单位出具的同意调出函；

留学人员档案存放地证明；

户口本、留学人员身份证（正反面）；

北京市（留学人员）工作居住证；

未婚留学人员须提供由户口所在地街道办事处或民政局出具的无婚姻登记记录证明，已婚留学人员须提供结婚证；

已婚已育留学人员须提供独生子女证或子女出生医学证明（国内出生子女需提供独生子女证或二胎准生证），子女须随母随迁；

留学人员配偶随迁的，须提供在京工作单位出具的接收函（要求同"8"和有效劳动合同；

调京人员政审情况调查表（下载地址：http://rsj.bjchy.gov.cn/sub/ viewDetail/130856/6740.htm）；

诚信声明（标准样式见附件）；

留学人员本人近期同底 2 寸正面免冠彩色照片两张；

其他需要提供的材料。

（四）办理机构

朝阳区人力资源和社会保障局

地址：朝阳区日坛北街 33 号

电话：010-65099594

办公时间：周一至周五 9：00—17：00

网址：http://rsj.bjchy.gov.cn

五、购房购车

（一）住房问题如何解决？

根据国内现行的住房制度，留学回国人员住房问题应通过社会化、商品化的办法给予解决。推荐两种途径：一是依据个人的经济承受能力选择购买经济适用房或商品房；二是租赁有关方面提供的住房，如人才公寓。留学回国人员购房或租房，应到当地人力资源和社会保障部门及房屋管理部门咨询有关的政策和办法，包括对留学人员的优惠政策措施，充分利用这些有利条件解决自己的住房问题。

（二）购（租）房可以享受哪些优惠？

购房优惠	租房优惠
•来京创业工作的留学人员购买一套经济适用房，不需核定家庭收入，可凭《北京市（留学人员）工作居住证》到市城市建设综合开发办办理购房登记和备案手续，然后到经济适用房开发建设单位购买，购房标准按每户建筑面积最高不超过100平方米或购房总价款不超过40万元人民币执行，超过部分补交10%的综合地价款。	•海外高层次留学人员在回国工作期间的住房，由聘用单位结合报酬情况与本人协商解决，可以由聘用单位以合约形式提供住房，由个人租用；专门建立留学人员公寓，供留学回国工作或创业的人员租住，或用作留学人员周转住房。

（三）购车可以享受哪些优惠政策？

按国家相关文件规定，留学回国人员所购免税车可免除汽车进口部件关税和车辆购置税。购车人必须是以学习和进修为目的，公派或自费在国外正规大学（学院）科研机构求学、攻读学位、进修业务或从事科学研究及进行学术交流一学年以上，毕业后一年内持中国护照回国定居工作的，可在毕业后首次入境半年内申请购买免税国产小汽车一辆，并计一件指标，在我国香港、澳门地区学习、进修的留学人员享受同等待遇。

购车地点：

凡国家定点轿车生产厂家生产的轿车，留学回国人员均可购买，但只能与生产厂家直接管理的销售门市部（销售门市部应隶属于生产厂家）或经海关总署批准的指定代理服务部门联系选购，北京地区指定代理为中国汽车工业总公司和中国出国人员服务总公司。

购车手续：

留学回国人员购买免税国产汽车需要提交相应材料并办理完备手续。首先，应确定选购车辆的具体品牌，并向生产厂家或指定的代理了解价格，由留学人员本人持以下证明材料向户口所在地海关申请：

申请人护照；

驻外使领馆出具的留学人员证明；

公安部门出具的境内居留证明（户口本和身份证）；

毕、结业证书正本及复印件，进修人员或学术交流人员提供校方证明；

经申请人签字，聘用单位盖章的进出境自用物品申请表一式四份；

如在入境时填写了旅客行李申报单，应在申请购车时同时出示。

注：留学回国人员购车申请获准后，若本人无法前往生产厂家所在地海关和生产厂家办理相关手续，可以委托他人，但需在办理申请时出具委托书，并经海关审核批准。

优惠政策：

购车时享受进口零部件海关关税及增值税的优惠价格；

上牌照时免交车辆购置附加费。

申请车型：

申请人可以申请与所持境外机动车驾驶证准驾车型对应的机动车驾驶证；但因年龄、身高等申请条件不符合对应准驾车型申请条件的或者自愿降低准驾车型的，可以降级申请符合条件的准驾车型驾驶证。

申请资料：

按规定填写的机动车驾驶证申请表；

北京市卫生局确定的县级以上医疗机构出具的机动车驾驶人身体条件证明原件（外国驻华使馆、领馆人员及国际组织驻华代表机构人员除外）；

申请人的身份证明原件、复印件；

申请人所持境外机动车驾驶证原件、复印件，属于非中文表述的，还应出具中文翻译文本；

机动车驾驶人照片五张。

申请地点：

在户籍地居住的，应在户籍地提出申请；

在暂住地居住的，可在暂住地提出申请；

现役军人（含武警），应在居住地提出申请；

境外人员，应当在居留地提出申请；有居留许可的外国人，应当向居留许可签发地的车辆管理所提出申请；没有居留许可但有签证的外国人，应向出具住宿登记证明的公安机关所在地的车辆管理所提出申请；外国驻华使馆、领馆人员、国际组织驻华代表机构人员应当向使馆、领馆、国际组织驻华代表机构所在地的车辆管理所提出申请；华侨，香港、澳门特别行政区、台湾地区居民，应当向居住、暂住地的车辆管理所提出申请。

办理机构：

境外人员（外国人，以及中国香港、澳门、台湾地区居民和中国华侨）在车辆管理所涉外管理科办理；

其他人员任选分所办理，其中，申请的最高准驾车型为大型客车（A1）或城市公交车（A3）的，到京南分所办理；申请的最高准驾车型为大型客车（A1）和牵引车（A2）或仅为牵引车（A2）的，到京北分所办理；申请的最高准驾车型为中型客车（B1）或大型货车（B2）的，到京丰分所办理。

符合以下三个条件的个人可以办理摇号登记：

住所地在本市；

名下没有本市登记的小客车和应报废而未办理注销登记的机动车；

持公安交管部门核发的有效机动车驾驶证。

关于住所地分成五类人员：

本市户籍人员；

驻京部队（含武警警察部队）现役军人；

在京居住的港澳台人员和外国人；

持本市工作居住证的人员；

持本市暂住证且连续五年以上在本市缴纳社会保险和个人所得税的人员。

单位申请需具备条件：

企业申请指标，应当具有有效的营业执照（或工商登记证）组织机构代码证书和税务登记证书，并且上一年度在本市缴纳入库的增值税和营业税总额应在 5 万元（含）以上。具有组织机构代码证书的非全额拨款事业单位、社会团体及其他组织同样可以作为申请单位，提出申请。

香港、澳门居民申请小客车指标需具备的条件：

持有十年有效的港澳居民来往内地通行证和在京居住一年及以上有效临时住宿登记证明。

台湾居民申请小客车指标需具备的条件：

持有五年有效的台湾居民来往内地通行证，并有本市公安机关核发的一年及以上有效签注和在京居住一年及以上的有效临时住宿登记证明。

华侨申请小客车指标需具备的条件：

持有本市签发的中华人民共和国护照和本市公安派出所出具的户籍注销证明并在京居住一年以上的有效临时住宿登记证明。

外籍人员申请小客车指标需具备的条件：

持有外国人永久居留证；持有北京签发的一年及以上有效居留许可或访问签证，在京一年及以上的有效临时住宿登记证明。

具体申请流程如下：

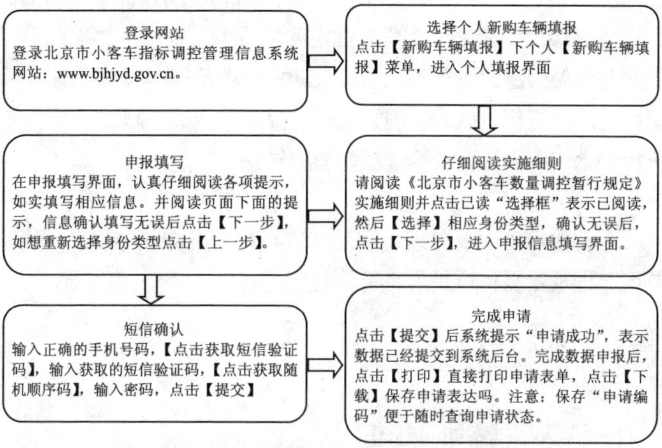

注：无上网条件的或网上申请遇到生僻字无法录入的情况时，申请者也可到区（县）对外办公窗口办理。到窗口办理时需携带相关证明材料原件及复印件一份，个人申请需携带个人相关证明材料和有效的机动车驾驶证；单位申请需携带单位组织机构代码证书和经办人身份证明，企业还需携带营业执照（工商登记证）、税务登记证书。如果网上成功申请摇号指标以后，则不需要再到对外办理窗口提交相关证明的原件和复印件。

每月 26 日摇号并公布摇号结果后，申请者可登录网站查询，并可自行下载打印小客车配置指标确认通知书，也可携带申请时的相关证明材料原件及申请表到区（县）对外办公窗口领取，作为指标证明文件，在办理车辆购置税、购置税档案转移、二手销售发票验证、车辆赠与公证等相关手续时出示。被查验有效后，相关部门会在相应票证背面加盖”已取得指标”字样的印章。

个人经摇号未取得配置指标的有效编码保留 3 个月，在保留期内自动转入下一次摇号基数，在保留期满后需要继续申请指标的，应在保留期满之前，登录指定网站或者在各区（县）政府设置的对外办公窗口进行确认，有效期将自动延长 3 个月。未在保留期满之前进行确认的，视为自动放弃指标申请。超过 3 个月未进行确认的，需重新申请才能参加摇号。

温馨提示：建议办理事项前，先与有关机构取得联系，确认办事流程及所需材料是否完备。

六、社会保障

（一）人事档案如何办理？

留学人才及随迁配偶来京落户后，聘用单位具有人事管理权的，须根据其所在单位的要求向人事部门提交人事档案，由单位负责保管。聘用单位不具有人事管理权的，须将人事档案存放在聘用单位委托存档的人才中介机构的人事代理部门，由人才中介机构的人事代理部门负责保管。

（二）社会保险如何办理？

符合参加社会保险的留学人员及其配偶，由其档案存放单位到其所在区、县社会保险经办机构办理参加社会保险手续；留学人员出国前、在国外期间和回国后的工龄，按照国家和北京市的有关规定办理，其连续工龄视同社会保险的缴费年限。

附录二

中国学生在美就业三大障碍

▶▶ 在美实习公司部分样表

- CHANEL (时尚）
- Vogue杂志 （传媒，编辑）
- Bloomberg Television（文化，传媒）
- Merrill Lynch （金融）
- W酒店集团
- Hilton 希尔顿酒店
- Universal 环球电影公司
- Houghton Mifßin 霍顿米夫林（出版）
- Edelman 爱德曼 （公关）
- Maxim （科技）
- Bank of America (金融）
- HBO （电影）
- Glam Media （市场营销）

▶▶ 在华实习公司部分样表

- 毕马威会计事务所（金融）
- 未来资产环球投资（金融）
- 美国商会（国际贸易政策）
- 希尔顿酒店以及喜来登酒店（商务、旅游酒店管理）
- 卡地亚（商务、奢侈品销售）
- 英国维珍大西洋航空（商务、航空）
- 劳斯莱斯（商务、航空海洋，工程）
- 易保软件（IT）
- 中伦律师事务所（法律）
- 金杜律师事务所；明略行（市场）
- 中国能源基金委员会（环境科技）
- BBC（新闻业）

美中学生在纽约DKNY公司暑期实习

中国学生在美就业三大障碍

在美国获得硕士博士学位，然后在一个专业对口的大公司工作几年，是许多中国留学生的梦想。在就业竞争日趋激烈的今天，无论在中国还是美国，文凭只有与相关专业的实践经验相结合才能成为打开未来之门的敲门砖。然而，对于许许多多中国留学生而言，找工作之路堪称"一把辛酸泪"。

障碍之一：专业选择盲目

美国法律规定，美国公民在招聘中有优先权，留学生必须证明自己比美国人更优秀才有可能被聘用。美国就业市场持续多年不景气，使得中国留学生就业之路更为艰难。有些留学生发出了逾千份简历仍旧未获得面试机会，有些人硕士毕业之后找不到工作，只好回学校继续读博士，博士毕业后仍旧找不到工作，只好做博士后，有些人甚至长期做博士后。虽然最终多数人都能找到工作，但是相当一部分人学非所用，难以发挥专业特长。

选择专业时盲目跟风，缺乏对美国专业发展及就业市场的深入了解，是很多留学生遭遇挫折的主要原因。精算师在美国是需求量很少而且门槛特别高的工作，初级岗位供求关系严重失衡。据美国劳工部统计，全美国有 130 多万个会计专业工作岗位，而精算工作岗位仅 2.2 万个。

美东某大学精算专业硕士班共 14 人，中国学生 8 人。1 名中国学生还未毕业就已经到一家美国保险公司工作，因为她有该公司中国分公司的实习经验。7 名中国学生毕业后没找到工作，6 人回国，1 人回国后未找到满意的工作，回到美国继续读博士学位。刚刚在一家保险公司找到了精算工作的杨宇感叹精算专业找工作不易。”现在国内的人听说精算专业在美国很热门，到美国学精算的人突然增加了很多。每次招聘会都能看到好多中国留学生，每个岗位至少有 50 人应聘。”

障碍之二：缺乏在美国的实践经验

缺乏实习经验使得留美学生先天不足，而中美教育差异使留学生找工作难上加难。美国教育重视社会实践，从小学开始学生每年都要参加科学竞赛，鼓励孩子们动手动脑。麻省理工学院等著名学府都有专门为小学生开办的实验室，孩子们在课余或假期在实验室老师指导下做一些初级的设计或者发明。美国金融业、高科技大公司都面向青少年或者高中生的各种人才培训计划，很多美国学生从初高中时代起就经常参加这些公司的各种专业培训项目。进入大学之后这些人自然很容易找到与专业有关的实习工作。

MITBBS 网站金融专业版块版主田隆说，他曾经面试过一名中国留学生，简历看起来相当不错，名牌大学金融专业毕业，已经通过了二级特许金融分析师(CFA)考试，可是谈到具体工作，连最基本的数学统计都不会。

在美国从事计算机系统管理 20 年的美国华裔黎戴维说，美国一直缺少实用型高科技人才，很多工厂愿意付高工资聘请高技术工程师。”很多美国人认为中国留学生会考试，动手能力和解决实际问题的能力很差。中国的教育体系需要改变，学生的实践经验需要从小就开始培养。应该像日本和德国那样重视培养实用型科技人才。”

障碍之三：缺少与美国社会的联系

中国留学生大多是初次走出家门，远离父母，突然进入一个完全陌生而又充满激烈竞争的社会环境，社交能力和承受心理压力的能力都遭遇了严峻挑战，有些人宁肯选择逃避。特拉华大学英语语言学院主任斯科特• 史蒂文自 1982 年起为中国留学生上英语课。他认为，中国留学生找工作的困难除签证问题外，最主要的原因是语言和文化差异。申请者需要证明自己有能力适应美国公司的工作环境，有良好的人际沟通能力。那些喜欢与美国人交朋友，并且经常参加各种校园活动的中国留学生很容易找到工作。有些中国学生则不然。学校规定大学一年级学生要住在校内宿舍，一些中国留学生虽然按规定缴费，但是却跑到校外和其他中国同学住在一起。中国学生很少参加学校的志愿者活动，有些人还违反校方规定跑到其他班上课，只是为了跟其他中国同学在一起。" 他们互相信任，而不相信我们。"

康奈尔大学外国学生办公室希望，留学生学会利用美国最大的专业交流网站 LINKEDLN 发展自己业务人脉。密歇根大学邹舒明说，在美国最重要的就是不能自我封闭，要懂得如何利用各种社会服务机构。一般学校都有专人帮助学生做职业规划，帮助学生修改简历、进行面试培训等等。还有各种校园招聘、社会公开招聘、公司内部推荐等等。建立个人的专业联系网络非常重要，很多欧美公司设有内部推荐机制，鼓励内推。学会与业内人士交流，用英语清晰表达自己的见解，良好的沟通，使对方相信自己的业务能力，有时会成为是否被聘用的关键因素。" 来美国就像是一次冒险。到这里两年多，我时时刻刻都在学习。学习独立面对孤独和寂寞，学习与各种各样的人打交道，在陌生的土地上大胆追求自己的梦想。虽然走得跌跌撞撞，但是我愿意一路走来始终保持清晰的人生目标和开放的心态。我相信，坚持就是胜利。"

实习经历是留学生获得一份好工作的关键

在美国留学的国际生逐年增多，学生毕业后的工作问题已成为许多人关注的焦点。那么，中国留学生需要具备怎样的知识和技能，才能成功利用 CPT、OPT 机会，顺利获得在美的工作签证呢？

很多人错误地以为好学历就是好工作的代名词。然而，很多人并不知道，找到一份好工作不仅需要合理的职业规划，精准的求职简历，专业的面试技巧以及对美国职场文化的充分了解，更重要的是还要拥有相关专业的工作或实习经历。

很多中国留学生直到大四才意识到在美找工作的紧迫性。实际上大部分美国学生从大二刚开始就着手准备改善简历、积极参加企业宣讲会、招聘会。产生这些区别的原因是一般国内大学生的求职目标是毕业后找到全职工作，而美国学生最重要的目标却是大三暑假的实习。据华尔街日报统计，近 50%的实习工作会带给学生全职工作的邀约。不同于国内课业较清闲的大四，美国大学大四专业课难度较大，课业压力加上就业压力，学生会非常忙碌。

据了解,很多企业拒绝中国实习生的原因并不是语言不够好，更多的是文化交流的障碍。如果学生的简历上没有任何经历表明他们在课堂外有丰富的职场文化经验，大部分雇主都会认定他们无法适应职场生活。企业实习计划不仅为学生提供机会提升他们对职场的认知，还能够让他们在简历上展示自己丰富的实习经历。从事与专业相关的实习，也让学生更加了解自己的专业，获得工作经验的同时提升自己的专业素养。

此外，公司引进新人的成本是相当高的。即使这名实习员工不需要工资，也会需要有人去训练他们、监督他们，这个过程会花去大量时间，而进行训练和监督的员工需要支付工资。所以很多公司不愿意雇佣没有工作经验的人，因为没有工作经验的人必须要从头开始一点点培训。在办公室工作所需要的技能只能在办公室里学到——学校里是不会教的。常见操作流程、备忘录的标准格式、工作邮件中应该如何遣词造句等知识都必须在工作中才能学会。如果你不具备这些技能、找不到工作，却又十分需要学习这些技能，就会进入进退两难的境地，企业实习能解决这个问题。在这个安全的环境里，年轻人可以提升职业技能，从事与专业相关的工作，为毕业后的职场工作做最充分地准备。

美中国际职业发展中心

美中国际职业指导中心(联系电话:400-8888-119)在为学生提供专业简历以及出色面试技巧指导的同时，也为学生提供最优的与专业相关的实习机会，确保学生早规划、早行动、早就业。

职业规划服务

职业测评指导

第一步：自我解读和职业分析

职业咨询师通过性格与职业规划测评，结合自身及所学专业特点，给出职业规划建议。

第二步：培养职业实践能力

积极参与实习，熟悉职场英语与文化，参加世界 500 强名企实习，积累职场实战经验。

第三步：针对性参加职业训练

结合专业技能与实践经历，进行 CPT/OPT 实习，强化专业职业素养，提升职场竞争力。

职业规划测评：性格类型与职业方向

MBTI 性格测评是当今世界最著名的性格测评工具，根据 MBTI 理论，某种类型性格的个体会被某些特定的职业所吸引，性格若能与工作相匹配，工作则得心应手、富有成就；反之则会不适应，给个人的职业发展造成影响。

基于性格理论的职业规划结合学生自身的特点，美中职业咨询师将为学生进行职业匹配，帮助学生找到最适合自己的职业，奠定长期的职业发展基础。

职业规划指导

职业生活规划指导是留学美国教育中“缺失的一角”

中国留学生如果不能适应国外生活，就会遇到文化的冲击，倍感孤独。职业生活规划指导有效帮助学生适应异国环境，帮助他们树立信心，与室友和教授有效沟通，帮助他们与优秀的美国公民建立友谊，点点滴滴融入美国社会文化，学习并理解美国企业的期望与工作技能，为未来数年职业生涯做好规划和准备。

指导内容包括

- 留学生活问题指导
- 美国企业文化学习
- 如何与同事互动
- 处理工作中的分歧
- 办公室注意事项
- 沟通的关键因素
- 恰当的工作着装
- 职业生涯规划
- 不同行业工作分析
- 就业市场最新信息

求职简历修改

世界 500 强企业用电脑筛选简历！

- 在简历系统设定关键词，然后根据简历与关键词的匹配度筛选出最符合的结果。
- 如果简历的关键词匹配度不到 70%，简历就会被系统淘汰，不能被招聘者审阅。
- 如果简历里出现任何拼写、打字、排版或语法错误，求职简历也会被直接淘汰。
- 在通过电脑的关键词等层层筛选后，招聘官只用 6 秒钟阅读一份求职应聘简历。

如何利用这 6 秒钟将最重要的信息传达出去？

我们的优势：这项服务保证 100%满意

- 这项服务保证面试机会，若没有面试机会则免费重新修改简历。
- 专业简历团队来自多个不同行业，对各行业关键词了如指掌。
- 美中国际简历专家曾多次获得雅虎颁发的各种奖项。
- 我们的每一份简历都会经斯坦福商学院的专家过目。

服务方式

- 由就业指导中心的简历顾问与学生面谈，详细了解一切有助于改善学生简历的信息。
- 学生的简历和补充信息将被一起发送至就业指导中心的简历书写团队进行整合分析。
- 修改过的简历将发给学生核查并根据需求进行修改，3 个月内可不限制次数提出修改。
- 一旦学生对简历满意，我们会将简历发送给简历修改总监进行检视并作出最终决定。

求职面试指导

好学历≠好工作　寄出上百份简历，却在面试中功亏一篑？

1. 有效的面试技巧是关键。生将掌握如何进行有效沟通，展现自己，说服面试官，在面试中赢得工作。

2. 华尔街日报的研究表明，只有善于使用眼神交流和身体姿势 语言的应聘者才能在面试中取胜。

- 面试时应该穿什么
- 什么是正确的身体姿势
- 眼神接触应该保持多长时间
- 什么是正确的眼神接触和交流
- 面试结束留下正确的”身后之物”
- 多位面试官，应与哪位保持眼神接触

机会只有唯一一次， 你需要充分准备，珍惜每一次宝贵的面试机会！

课程内容

全面讲解面试原理：帮助你像面试官一样思考

- 如何从面试官的角度看问题

- 面试官问这些问题的动机所在

- 面试问题的三个层面，两种类型

- 如何看到面试官问题背后真正的问题

面试官可能问到的问题：助你自然流畅的回答

- 帮助学生策划最适合自己的答案
- 纠正身姿和眼神交流等非语言技能

模拟面试：实战演练

- 对学生进行仿真模拟面试

- 须着面试服装，按流程进行

学生能力评估：授人以渔

- 面试培训结束，面试专家对学生做详细的职业能力评估报告

- 总结学生在面试中的优劣势、进步及还需努力改进的方面

实习安置服务

OPT 实习安置计划

除了大学学历之外，真实的生活和工作经历是现实就业市场上取得成功的关键因素之一。雇主找寻的是能实际运用于工作的素质和技能。

如何才能获得“真实的生活和工作经历”？答案很简单：实习！

实习的意义：

- 获得具体的工作技能知识，了解更多的行业相关信息，发现自己的兴趣所在。
- 积累丰富的实战经验，还可以帮助你更轻松的找到毕业后的第一份全职工作。
- 实习经验正在迅速成为大学生毕业后获得全职工作机会的十分必要的条件。

CPT 实习安置计划

CPT（Curricular Practical Training，课程实习训练）是允许学生在校外合法打工的一个许可，且工作领域必须和学习专业相关。USCIS（美国公民和移民中心）在定义 CPT 的时候提到这个雇佣必须是学生课程的一部分，包括：实习、Coop 项目，或者其他的实习实践工作，但这些雇主都必须和学校有合作协议。提供 CPT 的院系必须在课程信息中列出工作机会。

服务参与步骤

- 至少在毕业 6 个月前报名

- 完成简历修改，面试指导和职业生活规划指导的三项合一 < 求职技能基本服务 >

- 职业规划师评估学生实力与可能获得的实习岗位

- 在职业规划师与学生达成一致意见的情况下，参与 < OPT/CPT 实习工作安置服务 >

在 < OPT/CPT 实习工作安置服务 > 中，职业规划师将分层级协助学生申请实习，从学生最期望的职位开始，为学生申请至少 60 份实习，保证在学生 OPT 机会失效前，为学生进行与专业相关的专业安置。安置不成功则全额退还这部分服务费用。

CPT 项目 1：顶尖企业在华实习安置

招生对象：在美，在华大学在读学生。

实习地点：北京，上海，深圳，三亚

项目优势：

- 保证 100%安置成功
- 可申请年度奖学金资助
- 自动成为在华实习校友会会员
- 费用包含住宿安排，签证申请
- 提供安全监督（辅导员全天候待命）
- 接收校友新闻，在华工作机会的季刊
- 校友创业基金、年度投资基金、＄15 000

实习安置行业

建筑&房地产　商科　法律　工程传媒&创意科技　慈善组织&非政府组织

市场公关/广告　金融&会计　物流　IT 科技　医疗保健&医药学　绿色科技

在华实习公司部分样表

- 毕马威会计事务所（金融）；

- 未来资产环球投资（金融）;
- 美国商会（国际贸易政策）;
- 希尔顿酒店以及喜来登酒店（商务、旅游酒店管理）;
- 卡地亚（商务、奢侈品销售）;
- 英国维珍大西洋航空（商务、航空）;
- 劳斯莱斯（商务、航空海洋，工程）;
- 易保软件（IT）;
- 中伦律师事务所（法律）;
- 金杜律师事务所；明略行（市场）;
- 中国能源基金委员会（环境科技）;
- BBC（新闻业）。

CPT 项目 2：**顶尖企业在美实习安置**

招生对象：年龄在 18 ~ 26 周岁的大学在读学生

实习地点：芝加哥，洛杉矶，纽约，波士顿，迈阿密，旧金山，华盛顿

项目优势：

- 合适的住宿安排

- 不用提供托福成绩

- 保证 100%安置成功

- 现场有工作人员监督/指导

- 部分项目对 GPA 没有要求

在美实习公司部分样表：

- CHANEL (时尚)
- Vogue 杂志 （传媒，编辑）
- Bloomberg Television（文化，传媒）
- Merrill Lynch （金融）
- W 酒店集团
- Hilton 希尔顿酒店
- Universal 环球电影公司
- Houghton Mifflin 霍顿米夫林（出版）
- Edelman 爱德曼（公关）
- Maxim（科技）
- Bank of America (金融)
- HBO（电影）
- Glam Media（市场营销）

成功案例

1. 王同学，托福：100, 加州大学洛杉矶分校, 实习地点：旧金山 W HOTELS, 岗位：会计

2. 邹同学，托福：102，宾州州立大学，实习地点：洛杉矶，20 世纪福克斯

3. 易同学，托福：90，迈阿密大学，实习地点：纽约，丝芙兰，公关

4. 杨同学，托福: 85, 佛罗里达大学，实习地点：迈阿密 HIG CAPITAL ,岗位：金融

5. 秦同学，托福 92，加州大学戴维斯分校，实习地点：波士顿，利兹卡尔顿酒店，岗位：Business

6. 杨同学，美国奥本大学金融学硕士，毕业后应聘到 AmeriSave Mortgage Corporation 6 个月 32000 美金 OPT 实习机会！